# AU NOM DE MA FILLE

118, rue Achille-Peretti
92521 Neuilly-sur-Seine Cedex

www.michel-lafon.com

André Bamberski

# AU NOM DE MA FILLE

*Avec la collaboration*
*de Cyrille Louis*

Michel Lafon

# Note de l'éditeur

Monsieur Krombach a été condamné par contumace par la cour d'assises de Paris le 9 mars 1995. Son arrestation en France, le 18 octobre 2009, a eu pour effet de rendre cette décision « non avenue » et monsieur Krombach doit bénéficier d'un nouveau procès.

À ce titre, renvoyé devant la cour d'assises du chef d'homicide volontaire sur mineure par personne ayant autorité sur elle, il demeure, jusqu'au nouveau verdict, présumé innocent.

L'objet du présent ouvrage est la publication du témoignage de l'une des parties au procès ; il ne saurait en aucun cas constituer une prise de position de l'Éditeur sur la culpabilité du prévenu.

*À ma fille Kalinka et à mon fils Nicolas,*
*je dédie ce témoignage sur mes longues années de combat.*

# – 1 –

*Pechbusque (Haute-Garonne), 18 octobre 2009*

Il était trois heures et demie du matin lorsque la sonnerie du téléphone m'a tiré du sommeil. À tâtons, je me suis glissé hors du lit en m'appliquant à ne pas réveiller Christiane, ma compagne, puis j'ai traversé la maison pour gagner mon bureau. À l'autre bout du fil, une voix de femme grossièrement déguisée a articulé, dans un mauvais français :

– Krombach est à Mulhouse. Vous le trouverez rue du Tilleul...

Comme je cherchais à en savoir davantage, ma mystérieuse interlocutrice a semblé se crisper, manifestement impatiente d'abréger notre échange.

– Avertissez la police ! m'a-t-elle quasiment ordonné.

Puis, juste avant de raccrocher :

– Dites-leur qu'ils le trouveront près de la maison des douanes.

*
**

Garder mon calme, surtout, garder mon calme...

La veille au soir, vers vingt-deux heures, il y avait eu un premier appel anonyme.

– Allez à Mulhouse pour Krombach, avait lancé une voix teintée d'un fort accent germanique.

L'histoire, décidément, était en train de s'accélérer...

J'ai allumé mon ordinateur pour chercher le numéro de téléphone du commissariat de Mulhouse. Le fonctionnaire de permanence m'a demandé de lui expliquer le motif de mon appel. Je me suis lancé.

– Je m'appelle André Bamberski. Je viens d'apprendre que Dieter Krombach se trouve à Mulhouse, rue du Tilleul. Cet homme a violé et tué ma fille il y a vingt-sept ans... Si vous vérifiez, vous verrez qu'il existe contre lui un mandat d'arrêt européen daté du 9 janvier 2009. Il faut absolument l'arrêter avant qu'il puisse repartir en Allemagne.

Un instant, j'ai senti le policier hésiter sous l'effet de la surprise. Puis il s'est repris.

– Je vais tout de suite envoyer une patrouille pour vérifier ce que vous dites. De votre côté, laissez-moi un numéro de téléphone et je vous rappellerai dès que possible.

– Je vous en prie, tenez-moi au courant, ai-je insisté. Je voudrais avoir la certitude que vous allez bien le mettre en prison...

Il venait de raccrocher.

Faire le vide dans ma tête... Au fil des ans, j'avais appris à tenir à distance les émotions trop violentes, de peur qu'elles ne m'empêchent de parvenir à mon but. Était-il vraiment possible que Dieter Krombach, après toutes ces années passées à se terrer dans les montagnes bavaroises, échoue enfin entre les mains de la justice française ? L'homme qui avait tué ma fille chérie – j'avais toutes les raisons d'en être sûr –, ma fille de quatorze ans si belle, si pleine de vie, allait-il finalement répondre de son crime devant un tribunal ?

Depuis le meurtre de Kalinka, un jour de juillet 1982, j'avais consacré l'essentiel de mon temps à traquer Dieter Krombach sans jamais me décourager. Non pour me venger mais pour tenir la promesse solennelle faite sur la tombe de ma fille, dans l'intimité du petit cimetière de Pechbusque. Cent fois, je lui avais juré qu'un jour ou l'autre, la justice passerait. Bien sûr, il aurait été plus simple de le faire assassiner. À plusieurs reprises, ces dernières années, des inconnus m'avaient proposé de s'en charger contre de fortes sommes d'argent. Chaque fois, cependant, ma foi en Dieu et l'infini respect que j'ai toujours éprouvé pour la vie humaine m'avaient conduit à refuser.

En revanche, j'avais obstinément tenté de le faire inculper par les autorités allemandes, en vain ! J'avais aussi multiplié les procédures judiciaires à son encontre sur le sol français. En 1995, j'avais même réussi à obtenir sa condamnation par contumace à quinze ans de réclusion criminelle par la cour d'assises de Paris. Hélas, Krombach jouissait à l'évidence de solides protections outre-Rhin et, malgré la diffusion par la France d'un mandat d'arrêt international, sa peine n'avait jamais reçu le moindre commencement d'exécution.

Il était maintenant près de quatre heures dans la maison endormie. Au téléphone, le policier avait la voix plus assurée, presque sèche.

– Nous avons bien retrouvé ledit Krombach, mais il est dans un drôle d'état... Il a manifestement été passé à tabac. Nous avons pu vérifier qu'il est inscrit au fichier des personnes recherchées. Il devrait donc rester chez nous un moment. Vous devez me donner immédiatement votre adresse et m'indiquer le commissariat de police dont vous dépendez.

– Je vis près de Toulouse, et je dépends de la gendarmerie de Castanet-Tolosan. D'ailleurs, ne vous inquiétez pas : je dois venir à Mulhouse et je pourrai vous rendre visite à cette occasion. À vrai dire, j'aimerais m'assurer par mes propres yeux que le meurtrier de ma fille est bien sous les verrous...

La conversation achevée, j'ai acheté sur Internet un billet pour le premier avion, puis j'ai réservé une chambre d'hôtel dans la cité alsacienne. Je ne savais rien de ce qui pouvait m'y attendre, mais ma place, assurément, était là-bas.

Derrière moi, l'ombre soucieuse de Christiane venait de se glisser dans la pièce.

– Qu'est-ce que tu vas faire à Mulhouse ? a-t-elle demandé.

– Ne crains rien... Je ne peux pas t'expliquer pourquoi je vais là-bas. D'ailleurs, je n'en sais rien du tout. Tout ce que je peux te dire, c'est que tu n'as aucun souci à te faire.

Incapable de me rendormir, j'ai passé la fin de la nuit à me retourner dans mon lit, les yeux grands ouverts. Noyé dans l'obscurité, j'hésitais entre soulagement et angoisse, n'osant encore croire à ce stupéfiant dénouement.

Irrésistiblement, les souvenirs des espoirs déçus par la faute des autorités françaises, allemandes ou autrichiennes m'assaillaient. Après tant d'occasions manquées d'arrêter Krombach, pouvais-je encore accorder ma confiance à l'institution judiciaire ? Si proche du but, cette nuit-là, ne devais-je pas redouter que cet homme se faufile, une fois encore, entre les mailles du filet ? Mulhouse, après tout, n'était situé qu'à quelques kilomètres du Rhin. Et si, par malheur, l'assassin présumé de Kalinka – puisque c'est la formule consacrée – parvenait à s'échapper du commissariat pour gagner la frontière allemande, tout serait à recommencer.

Électrisé par ces nouvelles malgré ma trop courte nuit, je me suis mis en route tôt, le dimanche matin, pour l'aéroport de Blagnac. Avant de quitter la maison, j'ai enfourné dans mon cartable plusieurs liasses de documents résumant les différentes procédures judiciaires que j'avais engagées contre Krombach. J'y ai aussi glissé une enveloppe contenant vingt mille euros en espèces, dans l'idée de dédommager les mystérieux personnages qui avaient capturé le meurtrier de Kalinka. Certes, je n'avais aucun moyen de les retrouver. Pour autant, il était fort possible qu'eux cherchent à me contacter lorsque je serais à Mulhouse.

En arrivant à l'aéroport de Bâle, j'ai passé de longues minutes à scruter le hall – guettant, comme on le fait dans les films d'espionnage, un hypothétique signe de reconnaissance. Cette observation se révélant infructueuse, j'ai rejoint un hôtel situé dans le centre de Mulhouse afin d'y passer la fin de l'après-midi, résolu à attendre le lendemain pour me présenter au commissariat. Un peu abruti par le voyage, j'ai rangé mes affaires et enfermé mon enveloppe bourrée de billets de banque dans le coffre-fort de ma chambre. Puis je me suis installé devant le Grand Prix du Brésil de Formule 1.

Peu après dix-neuf heures trente, je commençais à envisager de sortir dîner lorsqu'on a frappé à la porte de ma chambre. Pensant tomber sur un employé de l'hôtel, j'ai ouvert sans hésiter. Je me suis trouvé nez à nez avec trois hommes, et autant de canons de pistolets braqués dans ma direction.

– Police ! ont-ils lancé en me repoussant vers l'intérieur de la pièce.

Autour de moi, il y avait un commissaire, un commandant et un capitaine qui se sont mis à fouiller mes affaires. Après quelques minutes, l'un d'eux m'a assené :

– On vous emmène en garde à vue.

Peinant à mesurer la gravité de la situation, j'ai essayé de leur suggérer qu'il y avait d'autres moyens de régler cette histoire. Après tout, j'étais bien disposé à leur expliquer cette affaire dans ses moindres détails. Guère impressionnés par ce signe de bonne volonté, ils m'ont enjoint de les suivre.

Sur place, un officier m'a lu mes droits. Une nouvelle fois, j'ai tenté de protester.

– Je suis un citoyen respectable. Pourquoi me priver de ma liberté, alors que je suis parfaitement prêt à répondre à vos questions ?

– Monsieur, vous êtes soupçonné d'avoir commis un crime et vous avez été interpellé en flagrant délit !

Cet échange d'amabilités achevé, mon audition a débuté en présence de trois policiers de la brigade criminelle. Aussi calmement que possible, je leur ai raconté comment, au beau milieu de la nuit précédente, un mystérieux coup de fil m'avait averti de la présence de Krombach sur le territoire français. J'ai vite réalisé qu'ils ne croyaient pas un mot de mon récit. Au contraire, ils me soupçonnaient d'avoir joué un rôle actif dans le rapt. L'un d'eux, soudain, m'a éclairé.

– Nous avons interrogé Krombach, qui nous a raconté les circonstances de son enlèvement. Il jure avoir clairement reconnu votre voix parmi celles de ses ravisseurs. Il est même convaincu que c'est vous qui l'avez déposé à Mulhouse avant d'appeler la police...

J'étais sidéré. Dans un sursaut, je leur ai tendu ma réservation d'hôtel et mon billet d'avion Toulouse-Paris-Mulhouse.

– Faites des vérifications, des recoupements. Vous verrez bien que j'étais chez moi lorsque Krombach vous a été livré. La vérité, c'est que je ne suis au courant de rien. Naturellement, je suis très content de ce dénouement. Je peux même vous dire que je serais heureux de découvrir ceux qui ont fait le coup pour leur adresser mes remerciements. Le problème, c'est que j'ignore tout de leur identité...

Vers une heure du matin, les policiers ont suspendu mon interrogatoire pour m'accompagner dans la salle des geôles où, sitôt la porte refermée, j'ai senti un frisson parcourir mon échine. À première vue, l'endroit était certes plutôt propre mais ma première nuit de gardé à vue s'est révélée cauchemardesque. À mon arrivée au commissariat, je n'avais pas eu le temps d'évoquer avec le médecin mes problèmes d'arthrose et de cervicales douloureuses, si bien que la nuit passée allongé sur un lit réduit à une planche trop étroite ne m'a pas permis de fermer l'œil. À soixante-douze ans, je n'étais pas en état d'affronter sans conséquences un pareil inconfort. Pour ne rien arranger, le réduit dans lequel se trouvait ce couchage spartiate n'était plongé que dans une demi-obscurité. Tout autour, un concert presque ininterrompu de hurlements me réveillait chaque fois que je m'assoupissais. Au petit matin, un branle-bas de combat s'est emparé des lieux lorsque les femmes de ménage y ont fait irruption. Hagard, épuisé, j'ai rassemblé mes forces pour mieux résister.

Le lundi 19 octobre, vers vingt et une heures, les questions des policiers se sont brusquement faites plus pressantes. Un officier venait de m'annoncer que ma garde à vue allait être prolongée, et j'avais accueilli la nouvelle sans broncher. Puis l'un de ses collègues est entré dans la pièce et nous a interrompus, l'air particulièrement réjoui.

– La police allemande vient de nous informer qu'un homme a été interpellé en Autriche. Il est soupçonné d'avoir participé à l'enlèvement de Dieter Krombach. Il s'agirait d'un dénommé Krasniqi. Est-ce que vous connaissez cette personne ?

– Non.

– Et si je vous dis qu'il se prénomme Anton ?

Pris de court, j'ai lâché :

– Alors là, oui... Je connais quelqu'un qui s'appelle ainsi.

*
**

Dix jours plus tôt, c'est de façon totalement impromptue que j'avais rencontré le dénommé « Anton » dans le hall de l'hôtel Ibis de Bregenz, à l'extrémité ouest de l'Autriche.

Depuis une douzaine d'années, j'effectue très régulièrement de courts séjours dans cette petite ville située sur les rives du lac de Constance. Voisine de la Suisse comme de la frontière allemande, elle m'a offert durant toute cette période une base arrière idéale pour surveiller Dieter Krombach. Malgré ses déménagements répétés, en effet, l'assassin de ma fille n'a jamais quitté la région de Lindau, qui se trouve à une dizaine de kilomètres seulement de Bregenz.

Je ne me sens nullement l'âme d'un détective mais, contraint par la passivité des autorités judiciaires françaises, j'ai commencé à « surveiller » Dieter Krombach à la fin de l'année 1997. À l'époque, le parquet général de Paris se disait incapable de faire appliquer la peine de réclusion criminelle prononcée deux ans plus tôt par la cour d'assises, faute de connaître l'adresse du condamné en Allemagne. Cet argument me paraissait d'autant plus irrecevable que le docteur Krombach venait, dans une tout autre affaire, d'être reconnu coupable du viol d'une patiente de seize ans par le tribunal correctionnel de Kempten. Comment pouvais-je accepter que Paris et Berlin se prétendent impuissants à localiser un criminel condamné dans les deux pays ? Et comment n'aurais-je pas été conforté dans ma certitude que cet individu avait abusé de Kalinka, après ce nouveau crime pour lequel il a écopé de... deux ans de prison avec sursis ?

Exaspéré, j'ai pris l'habitude de me rendre deux à trois fois par an à la frontière entre l'Autriche et l'Allemagne pour y relever l'adresse de Dieter Krombach et la communiquer aux autorités judiciaires françaises, afin que celles-ci ne puissent plus se retrancher derrière leur prétendue ignorance. De Lindau à Scheidegg en passant par Sigmarszell ou Lindenberg, je l'ai ainsi pisté au fil de ses nombreux déménagements. Chaque fois, je faisais le voyage par avion via Genève ou Munich, puis je rejoignais Bregenz par le train. C'est ainsi que, peu à peu, j'ai découvert des pans entiers de la vie de celui qui, non content d'avoir tué ma fille, s'était également fait de nombreux ennemis dans son propre pays.

Dieter Krombach, en effet, a eu d'autres ennuis avec la justice en Allemagne. En 1997, après le procès de Kempten où cet interniste s'est vu interdire l'exercice de la médecine – ce qui ne relève pas en général de fautes légères –, il a été contraint à une longue errance à travers l'Allemagne. Pendant plusieurs années, il a multiplié les remplacements plus ou moins clandestins dans diverses cliniques et autres cabinets médicaux, ne conservant un pied-à-terre dans la région de Lindau que parce que sa dernière fille y réside encore. Ce n'est pas tout : de novembre 2006 à juin 2008, il a aussi été placé en détention dans le cadre d'une enquête portant sur des fraudes commises au préjudice d'établissements médicaux, pour lesquelles il a été condamné en juillet 2007, à Coburg, à vingt-huit mois de prison.

Et pendant tout ce temps, le crime odieux perpétré sur ma fille demeurait impuni. Comment pouvais-je l'admettre ?

Bien décidé à ne pas lâcher Krombach, malgré ses efforts manifestes pour me semer, j'ai le plus souvent effectué mes surveillances au grand jour. Régulièrement, j'ai même sonné à son domicile pour lui faire comprendre qu'il ne serait jamais tranquille, malgré l'impunité dont il pensait visiblement bénéficier en Allemagne.

– Je continuerai jusqu'à ce que tu ailles en prison, lui ai-je lancé un jour alors qu'il ouvrait sa porte.

Manifestement embarrassé par mes incursions régulières dans son espace vital, il se contentait pour sa part de répondre, faussement compatissant :

– Tu es complètement fou. Tes accusations n'ont aucun sens.

Un jour, notre échange s'envenima au point que nous fûmes sur le point d'en venir aux mains. Il me menaça alors d'appeler la police et je battis sur-le-champ en retraite – jugeant que j'avais, pour cette fois, atteint mon but.

À l'automne 2009, de retour à Scheidegg pour la première fois depuis près de trois ans, j'ai eu l'intuition angoissante que Krombach, las peut-être d'être ainsi surveillé, était en train d'organiser sa « disparition ». Grâce à des informateurs vivant sur place, je savais qu'il ne séjournait plus dans la petite ville que de façon épisodique, à l'occasion de week-ends ou de vacances scolaires. En arrivant devant l'immeuble où il habitait, dans un quartier résidentiel, j'ai eu la surprise de tomber sur un petit panneau comportant un numéro de téléphone et indiquant : « maison à vendre ». À ma demande, l'interprète qui m'accompagnait a appelé le propriétaire en lui faisant croire qu'il était intéressé par l'acquisition de la bâtisse. Sans se faire prier, celui-ci nous a confirmé que l'appartement loué par Krombach, sur le point d'être libéré, allait être mis en vente.

Soudain, j'ai senti monter en moi la crainte de perdre la trace de l'homme qui, malgré mon opiniâtreté, m'échappait sans relâche. Où donc pouvait-il, cette fois, envisager de s'installer ? Jusqu'alors, malgré ses tentatives pour brouiller les pistes, j'étais toujours parvenu à le localiser sans trop de difficulté. À l'annonce de ce énième déménagement programmé, cependant, j'ai senti sourdre en moi un mélange de lassitude et de découragement. Krombach, désormais âgé de soixante-quatorze ans, n'allait-il pas finir par s'éteindre avant d'avoir été rattrapé par la justice ? Moi-même, je n'avais que deux ans de moins que lui. À l'évidence, je n'aurais donc pas éternellement l'énergie de poursuivre la traque à laquelle j'avais tout sacrifié depuis vingt-sept ans. Au surplus, la date de prescription de son crime, fixée à 2015, approchait inexorablement.

Dans le même temps, mes efforts incessants pour tenter d'obtenir la mobilisation des autorités judiciaires françaises semblaient invariablement s'enliser. Fin juin 2008, lors d'un entretien organisé dans les locaux de la Chancellerie, à Paris, le chef du Bureau d'entraide pénale internationale m'avait bien promis d'entreprendre des démarches pour obtenir, enfin, l'extradition de Krombach. Dans les semaines qui ont suivi, il m'a même rappelé à plusieurs reprises pour me tenir informé de ses initiatives. Peu habitué à de tels égards, j'ai alors brièvement espéré que les autorités françaises, après tout ce temps, commençaient peut-être à prendre conscience du scandale que représentait l'impunité de cet homme. Hélas, je n'ai guère tardé à m'apercevoir que l'institution judiciaire, en dépit de ses belles paroles, persistait dans son inertie.

Écœuré, je commençais à désespérer sérieusement lorsque « Anton » a pris contact avec moi, le 9 octobre 2009. Auparavant, j'avais pu « filer » Krombach durant plusieurs heures et il me paraissait évident que son départ pour une destination inconnue était imminent. Calfeutré dans ma chambre d'hôtel, je ressassais mes idées noires quand un appel de la réception me tira soudain de mes rêveries.

– Monsieur Bamberski, un visiteur désire vous parler...

Au bout du fil, la voix d'homme s'est d'abord adressée à moi en allemand. Comme je ne parle pas un mot de cette langue, il a poursuivi en anglais.

– Pouvez-vous descendre me rencontrer dans le hall ? Je voudrais vous parler à propos de l'affaire Kalinka.

Plusieurs fois, au cours des dernières années, il était arrivé que des inconnus prennent contact avec moi après avoir entendu parler du meurtre de ma fille dans la presse ou sur Internet. Souvent, les gens souhaitaient simplement me manifester leur compassion ou leur révolte. Plus rarement, certains m'avaient offert d'intervenir directement, soit pour enlever Krombach, soit, je l'ai dit, carrément pour le supprimer.

Ce jour-là, dans le hall de l'hôtel, je me suis trouvé face à un homme d'une quarantaine d'années, plutôt aimable et fort bien mis. Après m'avoir serré la main, il m'a d'emblée déclaré :

– Je souhaite tout d'abord vous dire que je suis très bien renseigné sur cette affaire. J'ai lu beaucoup de choses, notamment sur votre site Internet, et je dois avouer que je trouve cette histoire révoltante. L'attitude des ministères de la Justice allemand et français est purement scandaleuse. C'est pourquoi je souhaite vous demander si vous accepteriez que je fasse enlever Dieter Krombach pour le ramener en France et le livrer à la police.

Éberlué, je me suis mis à le dévisager de plus belle, cherchant à percer l'énigme que m'offrait cet étrange interlocuteur. Il n'avait en apparence rien d'un escroc ni d'un voyou. Son discours m'a plutôt fait penser à une sorte de militant impliqué dans une association de lutte contre les violences faites aux femmes. Dieter Krombach, depuis plusieurs années, ne s'était-il pas forgé une triste notoriété en se livrant à des abus sexuels sur plusieurs de ses patientes, allant parfois jusqu'au viol ? Il était, après tout, parfaitement imaginable que de simples citoyens allemands, choqués par son impunité, puissent décider de se substituer à la justice allemande pour « organiser » son extradition.

Anton me proposa de monter dans sa voiture pour poursuivre notre conversation à l'abri des oreilles indiscrètes. Après avoir roulé une dizaine de minutes, il stoppa son véhicule à l'entrée d'un jardin situé à la périphérie de la ville. Là, nous marchâmes jusqu'à un banc où il attendit d'être assis pour m'expliquer, le plus naturellement du monde :

– Nous allons nous occuper de tout et vous n'aurez rigoureusement rien à savoir.

Mi-curieux, mi-défiant, je hasardai une question.

– Et pour l'argent ? Comment va-t-on faire ?

– Il n'y a pas de problème d'argent. Nous prenons tout à notre charge et vous n'aurez rien à payer.

Plus la discussion avançait, plus elle me semblait prendre un tour surréaliste. Pour m'être à quelques reprises trouvé en relation avec des individus prétendant être spécialisés dans ce type d'activité criminelle, je savais que l'enlèvement d'un homme et son transport à travers plusieurs pays d'Europe coûtent nécessairement de l'argent. Beaucoup d'argent.

– Tout de même, ai-je insisté, il me paraîtrait pour le moins normal de participer aux frais.

– Si vous insistez, vous pouvez donner quelque chose, concéda-t-il.

– Disons alors que je vous remettrai vingt mille euros le jour où Krombach sera transporté sur le sol français.

La somme, fixée en quelque sorte à l'improviste, me semblait correspondre à un montant raisonnable.

La « négociation » achevée, nous remontâmes dans la voiture et Anton me raccompagna à mon hôtel. Avant que nous nous séparions, il me demanda de lui communiquer les coordonnées de Dieter Krombach, puis m'adressa d'ultimes recommandations.

– Rentrez chez vous le plus naturellement du

monde et, surtout, ne vous inquiétez pas. Vous n'aurez rien à faire car vous ne saurez ni où, ni à quel moment nous agirons. Une fois que Krombach sera en France, nous vous préviendrons. Après, il appartiendra à la justice de votre pays de faire son travail.

Lorsqu'il fut reparti, j'eus du mal à démêler les sentiments que m'inspirait, au juste, l'étrange proposition de cet homme qui ne m'avait indiqué ni son nom, ni ses coordonnées, ni même ses réelles motivations. J'avais un peu de mal à croire que sa promesse allait se réaliser. D'un autre côté, ma situation me conduisait à m'accrocher à chaque signe encourageant, si ténu fût-il. C'est pourquoi il me semble que je lui fus reconnaissant, ce jour-là, de m'avoir donné une nouvelle raison de croire à un dénouement favorable.

Bien sûr, lorsque j'ai reçu l'appel téléphonique du 18 octobre, j'ai aussitôt repensé à l'énigmatique Anton. Mais s'agissait-il vraiment de lui ? La femme, au bout du fil, s'était montrée si elliptique... Dans le doute, j'ai quand même décidé d'emporter les vingt mille euros que je lui avais promis pour le dédommager, lui ou toute autre personne qui aurait pris cette initiative...

Dans les jours qui suivirent, je n'eus plus aucune nouvelle d'Anton. Le samedi 10 octobre, je retournai à Scheidegg pour constater que les volets de la maison de Dieter Krombach étaient hermétiquement clos. Ce nouvel indice d'un départ annoncé me fit battre le cœur, augurant d'une traque qui allait me coûter de longues semaines de recherches. Pour la première fois, la perspective de devoir me lancer de nouveau sur la trace de cet homme eut tendance à m'abattre – presque à me décourager.

Le lendemain, je quittai l'hôtel de Bregenz et pris l'avion pour regagner Toulouse, où je m'efforçai de renouer avec le fil normal de ma vie. Je cessai de songer à Anton, j'oubliai sa curieuse proposition. Chaque jour, je recommençais à téléphoner aux autorités, à mes avocats, aux nombreux journalistes avec qui j'étais en contact pour tenter de relancer la procédure judiciaire. Bref, je me replongeais doucement dans ce quotidien qui était le mien depuis des années, sans imaginer un instant qu'un stupéfiant rebondissement était sur le point d'en bouleverser le cours.

*
**

Dans le bureau où se déroulait mon audition, la pression des policiers se fit soudain plus vive. Manifestement, l'identification d'« Anton » leur paraissait constituer une preuve déterminante de mon implication dans le rapt de Krombach. J'avais donc commencé de leur raconter ma rencontre avec cet homme sans trop entrer dans les détails. Avant de conclure, je leur avais bien précisé qu'aucune information ne m'avait été communiquée sur l'identité des ravisseurs ni sur la date à laquelle l'enlèvement devait intervenir.

– Ça suffit ! s'énerva l'un des officiers. Vous ne pouvez pas nier que vous avez commandité ce rapt. Vous êtes manifestement le cerveau de cette opération, alors racontez-nous comment vous vous y êtes pris !

Plus le temps passait, plus je me sentais mal à l'aise. Jusqu'alors, les policiers ne s'étaient montrés ni agressifs, ni même franchement désagréables à mon endroit. Quelques heures plus tôt, au moment de déjeuner, ils m'avaient même courtoisement proposé de partager leur repas. L'un d'eux, avec mon accord, avait pris un peu d'argent dans mon porte-monnaie pour sortir m'acheter un sandwich et nous avions cassé la croûte autour d'une même table. Dans l'après-midi, le commissaire m'avait également fait une faveur en acceptant de me transmettre les amitiés de mon ancien avocat parisien, Me François Gibault, qui avait appelé l'hôtel de police en apprenant par la presse mon placement en garde à vue. Malgré les faits qui m'étaient apparemment reprochés, j'avais l'impression que mon combat pour obtenir le déferement de Krombach devant la justice française suscitait chez ces policiers une certaine sympathie.

Pour autant, les heures de ma garde à vue défilaient à grande vitesse et les officiers qui avaient pour mission de me faire avouer commençaient manifestement à s'impatienter tandis que, pour ma part, je restais de marbre.

– Vous savez, finis-je par leur glisser, j'ai été déporté en 1940 et j'ai combattu sous les couleurs de l'armée française durant la guerre d'Algérie. Je ne pense pas que vous arriverez à me faire dire des choses qui ne correspondraient pas à la vérité.

En fin de soirée, ils me raccompagnèrent dans ma geôle. Je passai une seconde nuit sans dormir. Puis mon ultime audition débuta, mardi 20 octobre vers dix heures et demie. Cette fois, les enquêteurs étaient bien convaincus d'avoir tiré une carte maîtresse. En début de matinée, la direction de l'hôtel de Mulhouse où j'étais descendu avait en effet appelé le commissariat pour signaler la présence, dans le coffre-fort de ma chambre, d'une enveloppe contenant vingt mille euros.

Aussitôt, des fonctionnaires se rendirent sur place pour recueillir ces pièces à conviction.

– Vous ne pouvez plus nier, m'attaqua l'un d'eux. Cet argent est bien la preuve que vous avez passé un contrat avec les ravisseurs de Krombach. Et puis, dans votre cartable, on a trouvé le compte rendu de vos voyages en Autriche, de vos surveillances, de vos rencontres... Nous avons toutes les preuves que vous avez méthodiquement préparé votre coup. D'ailleurs, l'examen de votre ligne téléphonique démontre que, dans la nuit de samedi à dimanche, vous avez vous-même appelé le numéro de téléphone utilisé par les ravisseurs.

– C'est-à-dire... Comme mon interlocuteur a raccroché immédiatement après avoir délivré son message, j'ai simplement tenté de rappeler le numéro qui s'était affiché, mais il n'a pas décroché.

Sans relâche, ils m'interrogèrent encore sur les divers appels passés depuis le poste de mon domicile dans les jours qui avaient précédé l'enlèvement de Krombach, espérant visiblement me coincer. Je les déçus en leur avouant que, répugnant à surcharger ma mémoire d'informations que je pouvais fort bien consigner sur des feuilles de papier, j'étais incapable d'identifier les titulaires des lignes téléphoniques qu'ils me désignaient.

– Vous n'avez qu'à constater que j'ai pris la peine de scotcher au dos de mon téléphone mobile un pense-bête sur lequel j'ai inscrit mon propre numéro, leur glissai-je, en guise de preuve.

Les dernières heures de ma garde à vue furent marquées par la visite surréaliste que me rendit, en fin d'après-midi, un homme que je n'avais pas revu depuis plusieurs décennies. Accompagné par un fonctionnaire, il tomba dans mes bras, visiblement très ému, en s'exclamant :

– Salut Bambi !

C'est ainsi que m'appelaient mes condisciples lors de mes études. Je lui répondis :

– Qui êtes-vous ?

– Tu ne me reconnais pas ? Jean-Marie, ton vieux copain de lycée... J'habite à Mulhouse, désormais. Ce matin, en me levant, j'ai entendu parler de ton affaire à la radio. Alors, je me suis dit qu'il fallait que je vienne te voir au cas où tu aurais besoin de quelque chose.

D'autant plus stupéfiantes que les visites extérieures sont normalement prohibées durant le temps de la garde à vue, ces retrouvailles me donnèrent un coup de fouet qui me permit de tenir bon jusqu'à ce que je quitte les lieux.

Vers dix-sept heures, on vint en effet m'annoncer que j'allais être déféré au parquet. Je vis alors les policiers changer radicalement d'attitude. Tour à tour, les officiers qui m'avaient cuisiné sans relâche vinrent me saluer en souriant. L'un après l'autre, ils insistèrent pour se faire photographier à mes côtés. Tandis que je quittais le commissariat, ils se mirent en ligne pour me faire une véritable haie d'honneur.

*
**

Une fois dans le bureau du procureur, je mesurai que j'allais désormais devoir jouer serré. Durant les dernières heures de garde à vue, j'avais refusé de répondre aux questions les plus précises, sentant qu'il me fallait préparer une stratégie de défense. Krombach, m'avait-on appris, venait de porter plainte contre moi pour « enlèvement ». Paradoxalement, je risquais de me retrouver en prison sans la moindre garantie que le meurtrier de Kalinka, lui, n'allait pas être libéré.

Inquiet, je décidai de livrer spontanément ma version des faits, expliquant avoir accepté par découragement la proposition qui m'avait été faite, début octobre, par le mystérieux Anton. Le chef du parquet, qui ne s'attendait manifestement pas à me voir « avouer » aussi facilement, arbora un sourire radieux. Puis, sans en demander davantage, il signa le réquisitoire qui ordonnait ma présentation au juge d'instruction pour « enlèvement, séquestration aggravée, coups et blessures volontaires et association de malfaiteurs ».

En attendant d'être reçu par le juge, je retrouvai l'avocat toulousain qui m'assistait depuis plusieurs années, Me Laurent de Caunes. Ensemble, nous pûmes jeter un coup d'œil aux principaux éléments de l'enquête sur l'enlèvement de Dieter Krombach. Stupéfait, j'appris que la police judiciaire s'était rendue à mon domicile de Pechbusque, qui avait été longuement perquisitionné. D'après ces procès-verbaux, nombre de mes dossiers avaient été saisis, mon ordinateur avait été désossé et Christiane, ma compagne, avait été interrogée.

En début de soirée, nous fûmes enfin invités à pénétrer dans le cabinet des juges. Face à nous, il y avait là le doyen des juges d'instruction de Mulhouse, Jacques Bourguignon, ainsi qu'une jeune magistrate, Ève Baudhuin. D'emblée, sous le coup de l'énervement, je protestai contre la nature des infractions retenues à mon encontre par le procureur.

– Je nie absolument être l'auteur principal des crimes d'enlèvement et de séquestration. Je me trouvais à mon domicile de Toulouse lorsque le rapt s'est déroulé. Je n'ai donc pu porter aucun coup à la victime. À la rigueur, je veux bien être poursuivi en tant que complice, car je ne conteste pas avoir été au courant du projet d'enlèvement...

Le doyen, manifestement agacé par ma sortie, m'interrompit.

– Nous allons vous interroger sur les faits qui vous sont reprochés. Naturellement, vous pouvez choisir de vous exprimer ou de vous taire. Si vous ne nous dites rien, nous pourrons considérer qu'il existe suffisamment d'éléments matériels pour prononcer votre mise en examen et ordonner votre placement en détention provisoire.

Doucement, je répondis :

– Je vais m'exprimer sans fuir mes responsabilités. Mais au préalable, je souhaite vous exposer les étapes successives du combat que je mène depuis trois décennies pour faire juger le meurtrier de ma fille. Je veux que vous compreniez une réalité simple : en enlevant Dieter Krombach, ses ravisseurs n'ont fait que pallier les carences du parquet général de Paris qui, depuis sa condamnation en 1995, n'a rien fait pour la faire appliquer...

De nouveau, le juge Bourguignon me coupa sèchement :

– Il n'en est pas question !

– Pour ma part, je n'y vois pas d'inconvénient, contredit alors sa collègue Ève Baudhuin.

Un ange passa. Courageusement, la jeune magistrate venait de tenir tête ouvertement à son doyen. Une fois l'étonnement dissipé, je me mis à retracer mon long combat pour obtenir justice contre l'assassin de Kalinka. Tour à tour, j'évoquai les ratés de l'enquête allemande, les protections dont Krombach avait bénéficié, la trop lente mise en branle de la justice française puis son incapacité à obtenir l'application de ses propres décisions...

– Abrégez, me coupait à intervalles réguliers le doyen Bourguignon.

Ève Baudhuin, quant à elle, prenait des notes avec application.

Pour conclure mon exposé, qui s'étirait depuis

trois bonnes heures, je décrivis l'état de découragement dans lequel je me trouvais au moment où « Anton » était venu à ma rencontre pour me proposer de mettre enfin un terme à l'impunité de Krombach.

– Vous devez tenir compte du fait qu'André Bamberski s'est contenté d'accepter qu'un tiers fasse le travail, appuya Me de Caunes. Pour sa part, il n'a absolument pas pris part à l'enlèvement.

À l'issue de ce long interrogatoire, je fus mis en examen pour l'ensemble des faits visés par l'information judiciaire. Renonçant à demander mon incarcération, le procureur sollicita mon placement sous un strict contrôle judiciaire comprenant l'interdiction de quitter la France, l'obligation de remettre mon passeport à la gendarmerie et le versement d'une caution de vingt mille euros.

*
**

Aux environs de minuit, je franchis enfin les portes du palais de justice de Mulhouse, exténué et rongé par une angoisse tenace. Jusqu'alors, personne n'avait été capable de me dire clairement où se trouvait Dieter Krombach. Durant ma garde à vue, des policiers m'avaient tour à tour indiqué qu'il était à l'hôpital, puis à la maison d'arrêt. À cette heure, je n'avais aucune certitude qu'il fût encore détenu. Je ne pouvais donc m'empêcher de craindre qu'un énième raté de la machine judiciaire française n'ait abouti à sa remise en liberté.

À ma sortie, je fus assailli par une meute de journalistes qui, caméra sur l'épaule, micros tendus et projecteurs braqués sur moi, m'attendaient depuis plusieurs heures dans la nuit froide. Malgré la fatigue, leur présence me redonna du courage et je trouvai la force de leur confier quelques mots.

– Depuis la mort de ma fille, les autorités françaises n'ont absolument rien fait pour obtenir l'extradition de Krombach, tonnai-je, trop heureux de pouvoir enfin faire entendre ma révolte après toutes ces années passées à crier dans le silence.

Le lendemain, après une courte nuit ponctuée par les coups de fil de journalistes qui n'avaient eu aucun mal à trouver mon numéro de chambre d'hôtel, je passai la matinée à accorder d'innombrables interviews, bien décidé à faire le plus de bruit possible pour empêcher les autorités françaises de relâcher Dieter Krombach. La diplomatie allemande, de son côté, allait sans doute tout mettre en œuvre pour obtenir sa remise en liberté. Quant à ses avocats, ils allaient probablement dénoncer les conditions rocambolesques de son arrestation dans l'espoir d'obtenir la levée de détention provisoire. Plus que jamais, il était crucial que j'utilise tous les moyens dont je disposais pour faire pression sur les autorités françaises afin d'éviter un dénouement désastreux.

En début d'après-midi, alors que j'arrivais à l'aéroport de Mulhouse pour rejoindre Paris, j'eus la surprise de voir plusieurs personnes venir me saluer avec un grand sourire. Pour la première fois, je mesurai l'émotion profonde qu'avait suscitée l'annonce de mon arrestation dans l'opinion publique. Quand je fus dans l'avion, une hôtesse à qui je venais de demander si je pouvais avoir une place au calme pour travailler durant le vol me glissa, le plus naturellement du monde :

– Je vous félicite.

Une fois assis, enfin, j'eus le temps de consulter les journaux, et je découvris que ma photo barrait la première page du quotidien *L'Alsace*.

En arrivant à Orly, la journaliste et documentariste Michaëlle Gagnet, qui avait fait le voyage avec moi, m'apprit que Krombach venait d'être hospitalisé à l'Hôtel-Dieu, où il allait recevoir la visite du juge des libertés et de la détention (JLD). Autrement dit, un magistrat allait être invité à prendre position sur l'opportunité de prolonger son incarcération... ou, au contraire, de le remettre en liberté.

Furieux, je sentis le sang me monter au visage et composai sur-le-champ le numéro de téléphone du procureur général de Paris, Laurent Le Mesle, qui accepta de me prendre en ligne.

– Vous n'avez pas à saisir le JLD dans ce cas de

figure, lui lançai-je d'emblée. Vous savez très bien que le code de procédure pénale vous impose de placer Krombach en détention jusqu'à ce qu'il soit rejugé par une cour d'assises[1]. S'il est remis en liberté, ce ne peut être que sous votre responsabilité directe.

– Monsieur Bamberski, mêlez-vous de ce qui vous regarde, me répondit froidement le haut magistrat.

– Mais vous êtes responsable du respect de la loi pénale ! Le procureur de Paris, Jean-Claude Marin, est votre subordonné. Il vous appartient de lui intimer l'ordre de déclarer le JLD incompétent avant qu'il ne soit trop tard...

Manifestement exaspéré par ma véhémence, indiscutablement échaudé par le contentieux qui nous oppose depuis de nombreuses années, Laurent Le Mesle finit par m'éconduire. Un peu plus tard, je parvins à joindre l'un des rares fonctionnaires qui, à la Chancellerie, m'avaient, ces derniers temps, réservé un accueil aimable. Curieusement, il adopta cette fois un ton plus distant qu'à l'accoutumée, presque embarrassé.

– Monsieur Bamberski, je ne peux rigoureusement rien vous dire. La seule chose dont vous pouvez être certain, c'est que Dieter Krombach est

1. En cas de présentation d'un condamné par contumace devant le tribunal, celui-ci doit être rejugé.

sous l'autorité de la justice. Pour le reste, je le crains, il vous faudra attendre encore un peu.

Une fois arrivé dans le centre de Paris, je posai mes valises dans un hôtel proche de la porte de Versailles et m'offris un vrai dîner, pour la première fois depuis quatre jours, dans un petit restaurant de quartier. Attablé face à une pièce de bœuf, je savourai un bon verre de vin rouge en m'amusant de constater que l'un de mes voisins lisait une pleine page du journal *Le Monde* au milieu de laquelle une grande photo me représentait. Peu à peu, malgré la persistance d'une certaine nervosité, j'acceptai de me laisser gagner par une forme de soulagement. Krombach, enfin, semblait ferré pour de bon.

En milieu de soirée, je remontai dans ma chambre et, vers vingt-trois heures, une journaliste m'appela pour m'indiquer que Dieter Krombach, finalement déféré devant le parquet de Paris, venait d'être placé en détention provisoire. Je songeai à Kalinka, et à cette promesse toujours renouvelée d'obtenir un jour que justice lui soit faite. Là, nous étions bien entrés dans la dernière ligne droite. Après toutes ces années, Dieter Krombach allait comparaître devant un jury d'assises. Pour la première fois depuis bien longtemps, je sombrai dans un sommeil profond.

# – 2 –

Longtemps, ceux que ma détermination à traquer Dieter Krombach déroutait m'ont soupçonné de nourrir une obsession maladive contre le peuple allemand. N'avais-je pas été, petit garçon, séparé de force de mes parents avant d'être déporté en Pologne jusqu'à la fin de la guerre ? Bien plus que le meurtre de ma fille, ce traumatisme ancien ne suffirait-il pas à expliquer la persévérance avec laquelle j'ai poursuivi, durant plus de vingt-sept ans, ce médecin bavarois ? Ainsi énoncée, l'hypothèse est évidemment outrancière et simpliste. Cependant, il n'est pas impossible que la mémoire du déchirement vécu aux premières années de ma vie ait soutenu, jusqu'aux heures les plus sombres, ma persévérance à obtenir justice pour Kalinka.

Arrivés de Pologne séparément, quelques années avant ma déportation, mes parents avaient posé leurs valises au Quesnoy, dans le département du Nord, lorsque ma sœur Thérèse et moi-même sommes venus au monde un jour de 1937. Mon père travaillait aux mines, ma mère était ouvrière agricole. De cette époque lointaine, qui a précédé l'entrée en guerre de la France, je ne conserve que peu de souvenirs. J'ignore aussi dans quelles circonstances, au printemps 1940, ma sœur et moi avons été emportés dans une rafle à laquelle notre père et notre mère, heureusement, ont pu échapper. Nous avions trois ans...

Transférés en Pologne, nous avons été pris en charge par des parents éloignés avant d'échouer dans une prison de Varsovie. Durant ces longues années, je me souviens que nous avons éprouvé de plein fouet les souffrances et les privations d'une guerre à laquelle nous ne comprenions rien, et surtout la douleur d'être séparés de notre famille. En août 1946, la Croix-Rouge internationale nous a secourus et ramenés en France. Enfin, la paix revenue sur l'Europe, nous avons eu le bonheur de retrouver nos parents lors d'un rassemblement organisé, à l'attention des familles séparées par la guerre, dans l'enceinte du château de Versailles.

Évanescentes, ces images de ma petite enfance ont assurément forgé en moi une certaine défiance vis-à-vis de l'Allemagne. Des années plus tard, comme bien des gens qui ont profondément souffert de la guerre, j'éprouve la plus grande peine à considérer les Allemands comme mes frères. Bien sûr, je comprends que les jeunes générations, qui n'ont pas connu cette période, souhaitent tourner le dos à ces horreurs pour écrire de nouvelles pages d'Histoire. Peut-être, après tout, ne suis-je qu'un vieil imbécile incapable de tirer un trait sur le passé. Il n'empêche : depuis la mort de Kalinka, j'ai eu trop souvent l'occasion de m'étonner de l'attitude de l'Allemagne quand il s'agit de protéger systématiquement ses ressortissants poursuivis, voire condamnés, par des instances judiciaires « européennes ».

De retour dans le Nord en 1946, cette fois à Valenciennes, je me suis peu à peu réhabitué au quotidien familial. Personne, à l'époque, ne nous a expliqué ce qui s'était passé durant ces six années de séparation. Dans les premières semaines, je dus apprendre à apprécier la viande rouge, dont la saveur me parut d'abord très étrange. À l'école, je découvrais l'insouciance des enfants de mon âge, et leurs travers aussi. Il n'était pas rare qu'un camarade, au détour d'une dispute, me traitât de sale Polak. Pour moi, il s'agissait de brimades sans gravité, de chamailleries entre enfants dont je n'ai pas le souvenir d'avoir jamais souffert.

Contrairement à ma sœur, qui reste aujourd'hui encore cruellement marquée par l'épreuve de la déportation, je parvins assez vite à me couler dans cette nouvelle vie qui a laissé en moi bien des souvenirs heureux. Dans l'ensemble, notre scolarité fut brillante et appliquée. Nous avions à cœur de nous montrer dignes des sacrifices consentis par nos parents, qui souhaitaient nous voir grandir dans les meilleures conditions possibles.

À partir de l'âge de quatorze ans, je me mis à travailler pour financer ma scolarité, d'abord au lycée puis à l'École supérieure de commerce de Lille. En ce temps-là, les études secondaires étaient payantes pour les étrangers. Or nous ne fûmes naturalisés, Thérèse et moi, qu'en 1950. Adolescent, je me spécialisai ainsi dans les petits travaux agricoles : cueillette des fleurs, ramassage de pommes de terre, arrachage des betteraves... Lorsque j'eus seize ans et que ma constitution me le permit, je louai mes services à une entreprise qui, équipée d'une machine spécialisée, allait de ferme en ferme pour battre les récoltes afin de séparer le grain de la paille. Puis, installé à Lille, je me mis à donner toutes sortes de cours particuliers. J'appris la sténodactylographie pour pouvoir l'enseigner. Tour à tour, j'ai aussi été receveur de tramway puis « wattman » – c'est-à-dire conducteur à bord de ces engins électriques. Il m'est même arrivé de donner des cours de gestion dans une école de coiffure.

Mes études supérieures achevées, je fus mobilisé en 1960 et dus rejoindre l'Algérie où je servis, en tant qu'officier, jusqu'en octobre 1962. Comme l'immense majorité de mes frères d'armes, je fus profondément marqué par la violence quotidienne de ce qu'on appelait alors l'« opération de maintien de l'ordre ». À mes yeux, cependant, il était naturel de servir ainsi mon pays. En outre, je suis convaincu d'avoir appris durant ces longs mois de guerre un peu de la dureté, du sens de la résistance dont j'eus besoin ensuite, pour affronter l'épreuve qui m'attendait.

Démobilisé, je rentrai brièvement à Lille mais ne tardai guère à faire, de nouveau, cap au sud. Après avoir découvert les beautés du ciel africain, il me semblait inconcevable de supporter durablement la grisaille du Nord. Fin 1962, par un heureux hasard, je tombai sur une annonce qui, publiée par *Le Figaro*, proposait un stage d'expert-comptable à Casablanca. Aussitôt, je fis mes valises, embrassai les miens et pris le chemin du Maroc.

Ainsi débutèrent les plus douces années de ma vie. C'est là que je fis la connaissance de Danielle, séduisante secrétaire de direction originaire de Toulouse, que j'épousai en août 1966. Je gagnais bien ma vie, elle put s'arrêter de travailler et nous nous installâmes dans une belle villa. Notre existence était facile, agréable. Plusieurs employés de maison nous soulageaient des tâches quotidiennes. Nous avions des amis avec lesquels nous faisions de fréquents voyages. L'hiver, nous partions presque chaque week-end skier à l'Oukaïmeden, dans les hautes montagnes qui dominent Marrakech. L'été, nous rentrions en France pour passer les vacances dans l'Ariège, où les parents de Danielle avaient une maison.

Le 7 août 1967, date de la naissance de Kalinka, fut l'un des plus beaux jours de ma vie. Du fond du cœur, mon épouse et moi avions souhaité sa venue au monde. Ensemble nous avions choisi de lui donner un prénom polonais – celui d'une jolie fleur qui pousse dans les forêts de Mazurie. Facile, souriante et belle comme le jour, Kalinka fut, dès son arrivée parmi nous, une enfant chérie.

En 1971, la naissance de notre fils Nicolas fut un second émerveillement pour toute la famille. Dès qu'il fut en âge de jouer avec un autre enfant, sa sœur et lui devinrent inséparables. Sereins, nous prîmes l'habitude de les emmener partout avec nous si bien qu'ils devinrent vite très sociables. Dans la grande villa que nous occupions, leurs rires résonnaient à longueur de journée. Aucune ombre, alors, ne semblait devoir voiler notre bonheur.

*
**

C'est aux premiers mois de l'année 1974 que de timides nuages commencèrent à s'amonceler à l'horizon de notre existence. L'année précédente, une décision proclamant la « marocanisation » des entreprises détenues par des étrangers nous avait faire craindre un assombrissement de l'environnement économique. Allais-je, dans le nouveau contexte, pouvoir continuer à diriger comme je l'entendais le cabinet d'expert-comptable que j'avais créé peu après mon arrivée à Casablanca ?

À la même période, nous commençâmes à considérer qu'il serait peut-être préférable, maintenant que Kalinka était en âge d'aller à l'école primaire, d'envisager un retour en France. Danielle, sans que je parvinsse alors à m'expliquer pourquoi, devint vite de plus en plus enthousiaste à cette idée. Progressivement, nous entreprîmes de préparer le déménagement, sans savoir encore vers quelle région de France nos pas nous guideraient. Au cœur de l'été, c'est finalement à Toulouse, près de chez mes beaux-parents, que nous choisîmes de poser nos valises.

D'emblée, le retour au bercail se révéla plus difficile qu'escompté. Professionnellement, je fus contraint de redémarrer de zéro après avoir été, plusieurs années durant, à la tête d'une entreprise florissante. Je ne connaissais personne dans le sud-ouest de la France et il me fallut plusieurs mois pour trouver mes premiers clients réguliers. Bien entendu, notre existence quotidienne perdit aussi beaucoup de son confort, même si l'une des dames qui travaillaient pour nous au Maroc avait fait le voyage pour s'occuper des enfants. Kalinka et Nicolas, dans un premier temps du moins, éprouvèrent certaines difficultés à s'adapter à leur nouvelle vie. Quelques mois après notre retour, nous eûmes aussi la douloureuse surprise d'apprendre que le père de Danielle, dont je me sentais très proche, venait de tomber gravement malade. Et bientôt, j'allais m'apercevoir que mon couple, autrefois soudé par un immense amour, s'était au fil des mois désagrégé de façon irréversible.

Durant cette période, nos seuls moments d'authentique bonheur furent ceux que nous passions, le week-end venu, en Ariège, à Pointis-par-Mercenac, chez mes beaux-parents. Kalinka était alors une merveilleuse petite fille, radieuse et pleine de gaieté, Nicolas un adorable garçon. Ensemble, nous aimions faire de grandes balades dans les bois pour cueillir des champignons. Nous allions à la ferme chercher le lait, acheter une volaille. J'étais un peu le papa du week-end, que les enfants brûlaient de retrouver à la fin de l'école.

Hélas, ces instants de douceur furent vite assombris lorsque de premiers signaux inquiétants me parvinrent, en décembre 1974, durant les fêtes de fin d'année. Alors que toute la famille était réunie, Danielle s'y montra lointaine, distante, visiblement mal à l'aise dans cet environnement qui était pourtant le sien. Inquiet, je me demandais ce qui pouvait ainsi altérer son humeur, songeant qu'il s'agissait peut-être simplement d'un contrecoup lié au déménagement. Hélas, je ne fus pas capable de le lui demander explicitement, si bien qu'un lourd silence s'installa dès lors entre nous.

Au printemps 1975, c'est au moment où son père jetait ses dernières forces dans le combat contre la maladie, dans un hôpital de Toulouse, qu'elle me parut brutalement perdre pied. Chaque jour, je me rendais au chevet de Roger, tandis que mon épouse semblait tétanisée par son agonie. Curieusement, c'est à moi que, au fil des semaines, les médecins finirent par rendre compte de l'évolution de sa maladie. C'est encore à moi qu'ils s'adressaient lorsqu'ils devaient demander l'avis de la famille. Le dernier soir, de même, j'étais seul à ses côtés lorsque l'infirmière en chef vint m'annoncer que l'équipe médicale allait interrompre les soins, avant de me glisser, l'air entendu :

– Prenez vos dispositions...

Cette nuit-là, soucieux d'épargner à ma belle-famille les formalités qu'entraînait à l'époque un décès à l'hôpital, je m'occupai de faire transférer mon beau-père moribond, en taxi, au domicile d'un proche. Puis j'appelai un médecin pour faire constater le décès. Le lendemain, enfin, je pris soin d'organiser ses funérailles selon le rite protestant, puisque c'était la religion du père de mon épouse.

Durant ces jours de deuil, j'eus bizarrement le sentiment que Danielle était « absente ». Lorsque je l'ai interrogée sur ce point, elle m'a simplement répondu qu'elle était trop abattue par le décès de son père pour faire face. L'explication était parfaitement crédible. Hélas, je découvris bientôt qu'elle éclairait une partie seulement du mystère dans lequel mon épouse s'enfonçait depuis plusieurs semaines.

De façon prévisible, le naufrage de notre couple s'accéléra dans les mois qui suivirent le décès de mon beau-père. Danielle, qui évoquait un abattement inexpliqué, finit par m'avouer qu'elle ne supportait plus notre mode de vie, trop conventionnel à ses yeux. Je dois reconnaître qu'à cette époque, je travaillais énormément, de sorte que nous avions peu d'occasions de nous évader. Un jour, elle m'apprit de but en blanc qu'elle voulait recommencer à travailler. Je songeai à m'y opposer, désireux qu'elle puisse continuer à s'occuper des enfants, mais sa détermination fut la plus forte. Au moment de la rentrée scolaire, elle prétendit avoir trouvé un emploi de négociatrice immobilière à Nice et parut en éprouver une grande joie.

Du jour au lendemain, elle se mit à passer la moitié de la semaine hors de chez nous, partant le dimanche soir pour ne revenir que le vendredi, exténuée. Invariablement, nous allions passer nos week-ends en Ariège, retrouvant dans la maison de sa mère un semblant d'unité familiale. Rapidement, toutefois, je me posai des questions, peinant à croire à la réalité de cette nouvelle vie professionnelle, dont elle me rendait rarement compte, et qui ne semblait pas lui apporter beaucoup de satisfactions financières.

Un dimanche d'automne, au moment où elle devait prendre son train à destination de Nice, je me résolus donc à la suivre. J'étais rongé par le doute et cette fois, je voulais savoir. Je dois dire que je ne fus pas déçu. Au bout de quelques centaines de mètres, je m'aperçus qu'elle ne prenait absolument pas la direction de la gare Matabiau. Au contraire, elle rejoignit un immeuble situé sur les allées Jean-Jaurès, pour s'engouffrer aussitôt dans le parking souterrain de cette résidence.

À défaut de pouvoir la filer davantage sans me faire repérer, je revins le lendemain pour constater, éberlué, que sa voiture était toujours là. Comme un lion en cage, je tournai dans les environs pendant deux ou trois jours avant de me résoudre, au bord de la crise de nerfs, à interroger la concierge.

– Je cherche la propriétaire de cette petite Fiat rouge décapotable qui est garée au sous-sol, déclarai-je, le souffle court.

Un instant, elle parut s'étonner de ma demande. Puis, visiblement rassurée, elle me répondit :

– Mais il s'agit de Mme Krombach... Elle habite au huitième étage.

Krombach... Ce nom, hélas, ne m'était pas inconnu. À deux ou trois reprises, peut-être, j'avais croisé ce grand type, mondain et beau parleur, à Casablanca. Ses enfants, croyais-je me souvenir, étaient scolarisés dans la même école que Kalinka. Sans doute était-ce là, quelques mois avant notre retour en France, qu'il avait fait la connaissance de Danielle en venant récupérer sa progéniture à la sortie des cours. Autant que je me souvienne, il était médecin, spécialiste de médecine interne et, plutôt curieusement, travaillait pour le consulat d'Allemagne. Volontiers disert, il se plaisait à impressionner son auditoire, ne détestant pas prendre des airs mystérieux. Bref, le genre de type qui m'inspirait habituellement une vive antipathie.

*
**

Une semaine après cette douloureuse découverte, je pénétrai dans le cabinet de mon avocat, décidé à obtenir le divorce aux torts exclusifs de mon épouse. Sans hésiter, celui-ci me conseilla de m'adresser à un huissier pour faire constater la double vie de Danielle. Le mardi suivant, je me retrouvai donc au pied de l'immeuble honni, accompagné d'un officier assermenté et fin prêt à lancer ma contre-attaque. En quelques instants nous fûmes au huitième étage, bien calés devant la porte. Au premier coup de sonnette, Danielle ouvrit. Quoique surprise, elle affronta la situation avec autant de dignité qu'elle le put. Sans se faire prier, elle saisit un stylo pour remplir le constat. D'une écriture appliquée, elle indiqua qu'elle habitait depuis plusieurs semaines dans cet appartement loué par Dieter Krombach. Son devoir accompli, l'huissier la salua poliment. Puis nous reprîmes l'ascenseur et gagnâmes la sortie.

Les derniers mois de 1975 furent particulièrement douloureux pour moi. Choqué, je me reprochais d'avoir compris trop tard, de n'avoir pas réagi à temps. Pendant que Danielle s'éloignait inexorablement en compagnie de son médecin allemand, je m'épuisais au travail. Inconscient des menaces qui planaient sur notre couple, j'avais l'œil rivé sur le développement de mon activité professionnelle. Aveugle, j'avais l'esprit fixé sur le terrain que je souhaitais acquérir sur le coteau de Pechbusque, à la sortie de Toulouse, pour y faire construire la maison familiale, sans comprendre que ma famille n'existait plus.

Mais surtout, ces semaines d'automne furent ternies par un sentiment de profonde déception. Je réalisai que Danielle, en dépit de son caractère intelligent, responsable et plein de bon sens, avait singulièrement manqué de courage aux derniers mois de notre histoire. En silence, elle m'avait trahi pendant près d'un an sans jamais trouver la force de me dire la vérité. Blessé, vexé, j'éprouvai la plus grande peine à reconnaître la femme que j'avais tant aimée. Aussi, par orgueil, je décidai de réorganiser au plus vite ma vie sans elle, résolu à privilégier le bien-être des enfants.

Sans attendre, je saisis le juge aux affaires matrimoniales qui, constat d'huissier à l'appui, me donna acte que la mère de mes enfants avait quitté le domicile conjugal. Chose rarissime à l'époque, le magistrat confirma, en septembre 1976, le divorce aux torts exclusifs de mon ex-épouse, et décida de me confier la garde de Kalinka et Nicolas.

Peu de temps après cette décision, Danielle me fit part de son intention de s'installer en Allemagne avec Dieter Krombach. Les enfants – comme moi-même – furent surpris par la rapidité de ce départ. Cependant, il ne me semble pas qu'ils en aient alors vraiment souffert. Depuis plusieurs mois, les absences répétées de leur mère les avaient progressivement habitués à l'idée de la séparation. Quand bien même elle ne leur avait pas dit toute la vérité, j'imagine qu'ils avaient fini par comprendre qu'un important changement était en train de se produire. En outre, je me mis à être beaucoup plus présent à leurs côtés, si bien qu'ils traversèrent, à mon sens, cette tempête familiale d'une façon relativement sereine.

Très vite cependant, la situation se tendit lorsque Danielle, fraîchement installée sur les rives du lac de Constance, à Lindau, émit le souhait d'y recevoir les enfants. Souhaitant plus que tout qu'ils puissent maintenir le lien avec leur mère, je ne pouvais décemment pas m'y opposer. Pourtant, la perspective de les voir passer des vacances outre-Rhin m'était déplaisante. Hanté par les souvenirs de mes jeunes années, je me mis à craindre que mes enfants chéris, au contact de ce pays, ne deviennent peu à peu de petits Allemands. Bien sûr, j'ai conscience de ce que cette peur pouvait avoir d'irrationnel. Mais je ne pouvais m'empêcher, comme mû par une étrange prémonition, de percevoir un danger dans ces séjours répétés au sein de la famille de Dieter Krombach.

Pour ne rien arranger, Danielle prit l'habitude de les ramener avec deux ou trois jours de retard à la fin de chaque période de vacances, si bien qu'ils manquaient régulièrement la rentrée des classes. L'exécution de son droit de visite devint un sujet de discorde entre leur mère et moi. Heureusement, elle faisait l'effort de les accompagner invariablement en avion, à l'aller comme au retour. En outre, Kalinka et Nicolas rapportaient toujours d'agréables souvenirs de leurs séjours à Lindau. L'endroit, il faut le reconnaître, est très agréable. L'été, les enfants se baignaient à la piscine ou dans le lac. L'hiver, ils partaient skier en Autriche ou faire du patin à glace sur les plans d'eau gelés. Bien sûr, faute de parler allemand, ils vivaient un peu en vase clos avec Danielle, Krombach et ses deux enfants. Toutefois, je ne les ai jamais entendus se plaindre de la façon dont se déroulait, durant ces vacances, la vie chez leur mère.

Une nouvelle fois, la donne familiale changea brusquement en juillet 1980. Malgré de petits accrochages sur le montant de la pension alimentaire et l'organisation matérielle du droit de visite, mes relations avec Danielle avaient alors tendance à s'apaiser. Les enfants grandissaient, épanouis, et heureux de leur vie toulousaine. Zohra, la dame marocaine qui désormais vivait avec nous, s'occupait de faire tourner la maison.

Seule ombre au tableau, j'éprouvais alors les plus grandes peines à développer mon entreprise et ma situation financière me préoccupait vivement. Après avoir longuement hésité, je finis donc par prendre la décision de retourner vivre à Casablanca avec Kalinka et Nicolas. Je n'avais jamais complètement coupé les ponts avec le Maroc, dans la mesure où, tant bien que mal, je m'étais employé à y conserver certains clients. J'y ai d'abord séjourné environ une semaine par mois, m'efforçant le plus souvent de caler celle-ci au moment où les enfants étaient chez leur mère. Lorsque mes difficultés matérielles se firent plus aiguës, il me parut naturel de vouloir me réinstaller de l'autre côté de la Méditerranée, certain que la vie de la famille serait infiniment plus simple et confortable dans ce pays que je connaissais si bien.

Dans un premier temps, je crus naïvement que ce déménagement pourrait se dérouler sans encombre, avec l'accord de Danielle. Après tout, lui avais-je exposé, le voyage vers Casablanca serait à peine plus long qu'un vol Zurich-Toulouse. Sans la moindre difficulté, elle pourrait continuer à recevoir les enfants à chaque période de vacances. Elle n'émit d'abord aucune opposition à ce projet, si bien que je profitai d'un passage au Maroc pour y inscrire ma fille et mon fils à l'école. Ultime précaution, prise sur les conseils de mon avocat : j'adressai, fin mai, un courrier recommandé à leur mère pour lui confirmer officiellement mon intention de revenir à Casablanca. Quelques jours plus tard, un coup de fil de Danielle me fit comprendre que les choses risquaient de se révéler plus compliquées que prévu.

– Tu veux m'empêcher de voir les enfants, attaqua-t-elle d'emblée.

M'efforçant de conserver mon calme, je lui rappelai nos échanges précédents et tentai de lui démontrer, une nouvelle fois, que les trajets à parcourir pour rejoindre l'Allemagne seraient sensiblement équivalents à ceux que nos enfants effectuaient jusqu'alors.

Fin juin, j'emmenai Kalinka et Nicolas passer quelques jours au Maroc pour préparer le déménagement, sans imaginer un instant ce qui m'attendait. En principe, Danielle devait venir les y récupérer pour les emmener passer le mois de juillet dans la famille de Krombach. Sans nouvelles, j'attendis son arrivée une journée, puis deux, puis trois... Comme je ne parvenais pas à la joindre, je finis par appeler mes voisins de Pechbusque pour leur demander d'aller vérifier mon courrier. Aussitôt, ils m'informèrent qu'un huissier était passé déposer un pli dans ma boîte aux lettres. Inquiet, je contactai mon avocat qui, à son tour, m'annonça une sombre nouvelle. Quelques jours plus tôt, sans avoir pris la peine de me prévenir, Danielle avait demandé à son conseil de déposer plainte contre moi pour « non-présentation d'enfant ». Dans la foulée, elle avait demandé au juge de lui confier sans attendre la garde de Kalinka et Nicolas.

Sottement, j'avais baissé la garde et elle en avait aussitôt profité. Cinq ans après notre divorce, l'affrontement reprenait donc de plus belle. La surprise passée, j'entrai dans une colère noire contre Danielle qui, pour régler ses comptes avec moi, risquait de détruire ma vie professionnelle. Commissaire aux comptes de sociétés, je ne pouvais m'offrir le luxe d'être visé par une procédure judiciaire, si banale fût-elle. Réglementée par le ministère de la Justice, cette profession est en effet très étroitement surveillée et le moindre démêlé judiciaire peut suffire à briser une carrière. Non que je fusse d'une ambition démesurée, mais j'entendais bien donner à mes enfants les moyens de poursuivre plus tard leurs études et de se lancer dans la vie. Affolé, je montai dans le premier avion pour ramener Kalinka et Nicolas à Toulouse et me présenter devant le tribunal. En urgence, je demandai aussi un rendez-vous à mon avocat pour lui annoncer mon intention de tout laisser tomber.

– J'en ai marre, lâchai-je, à bout de forces. Dites à votre confrère que je suis prêt à renoncer à la garde des enfants si Danielle retire sa plainte.

Naïf, j'avais cru pouvoir rebondir après l'effondrement de mon couple. Le mauvais coup ourdi par mon ex-femme venait de me replonger violemment dans le passé.

*
**

Visiblement très réceptif aux arguments déployés par mon épouse, le juge aux affaires matrimoniales considéra que j'étais parti au Maroc dans l'unique but de la priver de sa progéniture et choisit, suivant cette logique, de lui confier sur-le-champ la garde de Kalinka et Nicolas. La nouvelle, quoique attendue, acheva de m'abattre. Je ne comprenais décidément pas comment Danielle avait pu se résoudre à employer de telles méthodes à mon encontre. Seule l'influence de Krombach me paraissait pouvoir expliquer son attitude. Une influence qui allait désormais s'exercer sur mes deux enfants...

Du coup, je renonçai aussi à m'installer au Maroc. Je ne voulais pas qu'on profite, en toute mauvaise foi, de mon prétendu « éloignement » pour me priver aussi des visites « autorisées » de ma fille et de mon fils.

Dès septembre 1980, Kalinka et Nicolas s'installèrent à Lindau où je compris très tôt que leurs conditions de vie seraient autrement moins agréables qu'à Toulouse. La première année, dans la mesure où la Bavière faisait partie de la zone contrôlée par l'armée française, leur mère les inscrivit à l'école d'une caserne située à Friedrichshafen, à quelque trente-cinq kilomètres de Lindau. Aux beaux jours, le trajet se faisait sans trop de peine malgré la nécessité de prendre successivement le vélo, le train et le bus pour s'y rendre. Dès qu'il se mit à neiger, cependant, ce fut une autre histoire et je mesurai vite combien cette scolarisation à distance était éprouvante pour les enfants. Chaque fois que je le retrouvais pour les vacances, je constatais aussi que Nicolas supportait assez mal le milieu dans lequel il évoluait. À plus de dix ans, il était devenu grossier, insolent, turbulent... Je tentai d'en parler à sa mère, qui ne se montra guère réceptive. Je décidai alors de saisir à mon tour le juge pour récupérer la garde des enfants.

L'année scolaire 1981-1982 fut, à certains égards, pire que la précédente. Kalinka, qui avait atteint l'âge d'aller au lycée, fut envoyée à l'internat de la caserne de Fribourg, à deux cent cinquante kilomètres de Lindau. Elle se mit à souffrir de la solitude, se plaignant de cette situation absurde qui l'éloignait à la fois de son père et de sa mère. Le week-end venu, en effet, elle n'arrivait à Lindau que le samedi en fin d'après-midi pour en repartir le dimanche, après le déjeuner.

Aux vacances de Pâques 1982, elle m'apprit qu'elle avait exprimé auprès de sa mère le souhait de revenir vivre avec moi, et que celle-ci ne semblait pas vouloir s'y opposer. À la demande du juge aux affaires matrimoniales, elle profita de ce séjour en France pour rencontrer une psychologue à qui elle confia :

– J'ai de très bons rapports avec le mari de maman et ses enfants mais je suis en seconde, en internat, et cette année je n'ai pas bien travaillé. Quand j'étais à Toulouse, papa me faisait travailler les maths. Il vaudrait mieux que je rentre. J'aime beaucoup maman mais je la vois peu. Quant à papa, on le craint beaucoup mais on parle bien avec lui.

Dans son rapport en date du 5 juin 1982, la psychologue écrivit ces quelques lignes, qu'aujourd'hui encore je ne peux lire sans sentir les larmes me monter aux yeux : « À bientôt quinze ans, Kalinka est une ravissante adolescente dont l'intelligence et la maturité apparaissent d'emblée. Elle établit très facilement le contact et, dès l'entretien, on perçoit qu'elle est parvenue à prendre du recul par rapport au conflit parental et qu'elle s'occupe avant tout de construire son propre avenir. Elle parle de ses parents, de son frère, avec tendresse et maturité. »

Début juillet, lorsque débuta le mois de vacances que les enfants devaient passer avec leur mère, il était pratiquement acquis qu'ils feraient, au mois de septembre, leur rentrée scolaire à Toulouse. Au fil de nos fréquents entretiens téléphoniques, Danielle avait fini par convenir que c'était la meilleure solution pour eux. Durant les dernières semaines du printemps, elle m'avait transmis les pièces nécessaires pour que je puisse les réinscrire à l'école. Kalinka et Nicolas s'en réjouissaient ouvertement, heureux de retrouver le confort de la maison de Pechbusque. Quant à moi, j'attendais impatiemment la fin d'une séparation qui m'avait profondément peiné – sans imaginer un instant qu'un cauchemar autrement plus terrible était sur le point de commencer.

# – 3 –

Jamais je n'oublierai les secondes qui, le matin du samedi 10 juillet 1982, virent mon existence chavirer. Levé depuis peu, je m'affairais dans le fond de la maison de Pechbusque lorsque, vers dix heures, la sonnerie du téléphone retentit dans le séjour. Christiane, qui partageait ma vie depuis plusieurs mois, se leva pour décrocher. Quelques instants passèrent, puis un hurlement retentit. Alarmé, je me précipitai dans le salon où ma compagne, tremblante, criait :

– Kalinka est morte !

Aucun mot ne peut exprimer la douleur qui explosa en moi. Dans un état second, je saisis le combiné et le plaquai contre mon oreille. À l'autre bout du fil, mon ex-épouse articulait à grand-peine, la voix brisée par les sanglots.

– Dieter l'a trouvée ce matin, dans son lit... Il voulait la réveiller, mais... Elle était morte...

Je sentis le sol se dérober sous mes pieds.

– Que... Que s'est-il passé ?

– Je ne sais pas... Peut-être une insolation... Hier, tu sais, les enfants ont passé l'après-midi à faire de la planche à voile sur le lac. À nager dans la piscine. Il faisait très chaud, le soleil frappait fort... Mais ce n'est pas sûr, après tout. Il est possible que ça n'ait rien à voir. On a aussi pensé que c'était peut-être un cas de mort subite... Ou bien, tu sais, les suites de cet accident de voiture qu'on avait eu au Maroc, quand Kalinka avait sept ans...

Incapable d'en entendre davantage, je me sentis perdre la tête, si bien que nous dûmes raccrocher. À mes côtés, Christiane s'efforçait de me soutenir mais rien n'y faisait. Durant un long moment, je restai prostré, tétanisé, incapable de me ressaisir. Vers onze heures, enfin, je trouvai l'énergie de rappeler Lindau pour annoncer à mon ex-femme que j'allais prendre le premier avion pour Zurich. Brièvement, j'évoquai aussi l'enterrement qui, nous en convînmes sur-le-champ, se ferait à Pechbusque. Avant de partir, je passai à la mairie pour annoncer le décès de Kalinka et me renseigner sur les obsèques. Enfin, je rassemblai quelques affaires et pris la route de l'aéroport, les yeux noyés de larmes.

Arrivé à Lindau tard dans la soirée, mon premier geste fut d'aller embrasser Nicolas chez sa mère. La vision de mon fils, qui dormait paisiblement dans son lit, m'apporta un semblant de réconfort dans ces instants terribles. Bouleversés, Danielle et moi ne parvînmes à échanger que quelques mots embarrassés tandis que Krombach gardait le silence. Étrangement, la douleur qui fondait sur nous semblait impuissante à nous rapprocher. Sans m'attarder, je filai donc à l'hôtel où Danielle m'avait réservé une chambre pour m'y reposer un peu, à défaut de trouver le sommeil, en attendant d'aller voir Kalinka.

Le lendemain dimanche, à huit heures sonnantes, je retrouvai mon ex-femme devant l'hôpital. Le corps de notre fille y avait été transporté la veille. Le personnel nous guida jusqu'à l'entrée d'une chambre froide dans laquelle je pénétrai d'abord seul. Au centre de la pièce, Kalinka était allongée sur une sorte de tablette métallique, étonnamment étroite. Elle portait une belle robe blanche, son visage était paisible. Au bout d'un moment, je fus même surpris de constater qu'elle avait les traits détendus. Je posai ma main sur sa joue, l'embrassai longuement. Étourdi, peut-être, par les calmants que j'absorbais à la chaîne depuis bientôt vingt-quatre heures, j'eus un instant l'impression qu'elle était vivante, comme assoupie. Puis je me repris, bien décidé à demeurer digne, et commençai à dire les prières rituelles sans la quitter un instant du regard.

En milieu de matinée, je rejoignis Nicolas, qui était dévasté par la mort de sa sœur. Depuis sa naissance, il avait passé son temps à jouer, travailler ou se chamailler avec Kalinka, dont il était absolument inséparable. Aux heures difficiles, tous deux s'étaient serré les coudes pour faire face au divorce de leurs parents et aux tensions qui s'étaient ensuivies.

Préoccupé de l'état de mon fils, je décidai avec l'accord de sa mère que Nicolas m'accompagnerait à Toulouse, où il était prévu que je reparte sans attendre pour préparer les obsèques. Dans l'avion, il me raconta le déroulement des jours qui avaient précédé le drame, puis s'attarda sur l'après-midi du vendredi. À l'entendre, aucun incident notable n'avait marqué cette journée ensoleillée que les enfants avaient passée à se dépenser dehors. De même, la soirée semblait s'être déroulée le plus normalement du monde, si bien que je ne vis d'abord aucune raison de nourrir des soupçons sur les causes du décès de Kalinka.

La première anomalie se produisit dans l'après-midi du lundi. En début de journée, j'avais pris contact avec les pompes funèbres afin d'organiser l'arrivée de Kalinka, qui s'annonçait imminente. Or, contre toute attente, mon ex-femme me téléphona pour m'annoncer que le transfert allait être retardé car le corps venait d'être transporté à l'institut médico-légal de Memmingen, où il allait être autopsié.

– C'est obligatoire pour les transferts internationaux, m'expliqua-t-elle, sans montrer le moindre embarras.

Trop bouleversé pour mettre en doute son affirmation, je fus à peine surpris lorsqu'elle me précisa que cet examen allait se dérouler en présence de la police criminelle. Par la suite on m'informa aussi que Dieter Krombach y avait personnellement assisté. Aujourd'hui encore, je ne vois pas bien en quoi la présence du beau-père de Kalinka se justifiait lors d'une autopsie à laquelle ni le père ni la mère n'avaient été conviés. Mais sur le moment, je n'avais en tête qu'une seule urgence : assurer le rapatriement de ma fille.

Dans la soirée, un nouveau coup de fil de Danielle m'apprit que tout était terminé.

– Le corps pourra être transféré en France après-demain, m'annonça-t-elle, sans plus de précision.

Le jeudi matin, donc, je me rendis à l'aéroport de Blagnac pour y accueillir, en présence de la grand-mère maternelle de Kalinka, le cercueil blanc dans lequel reposait ma petite fille. De retour à Pechbusque, nous l'installâmes sur des tréteaux afin que les proches et la famille puissent venir se recueillir auprès d'elle. Sur la partie supérieure de la bière, une ouverture permettait de voir son visage tandis qu'à l'intérieur, des parois métalliques étanches avaient été aménagées après l'autopsie.

Mon père, qui était arrivé la veille de Valenciennes, mais aussi mon ex-femme, accompagnée de sa mère et de Dieter Krombach, ainsi que quelques proches assistèrent aux obsèques qui se tinrent le vendredi. Après la messe, je conviai notre petite assemblée à déjeuner au restaurant. L'un de mes plus proches amis, qui était le parrain de Kalinka, s'efforçait de m'épauler du mieux qu'il le pouvait. De son côté, mon ex-épouse passa le repas à discuter avec son mari, sans me prêter la moindre attention. Regard froid, mâchoire cadenassée, drapé dans une élégance hautaine, Dieter Krombach semblait se désintéresser des autres convives. Dérouté, je songeais qu'à la place de Danielle, j'aurais sans doute voulu exprimer mes regrets de n'avoir pas su empêcher la mort de l'enfant dont on m'avait confié la garde. Elle, toute à son nouveau compagnon, ne semblait pas se soucier le moins du monde de mon désespoir.

Mes premiers soupçons germèrent une dizaine de jours après le drame. Mon père, qui était resté quelque temps à mes côtés après l'enterrement, venait de repartir pour le Nord. Nicolas était rentré en Allemagne pour y passer la suite de ses vacances chez sa mère. Dans la maison de Pechbusque, le silence retombait peu à peu et je sombrais dans un extrême abattement lorsqu'un de mes proches amis m'invita à me ressaisir.

– Ce que ces gens affirment est tout simplement impossible, me lança-t-il un jour. Kalinka était en pleine santé. On ne meurt pas comme ça quand on a quinze ans ! Depuis sa disparition, beaucoup de tes amis se posent des questions mais n'osent rien te dire. Certains laissent même entendre qu'il s'agit peut-être d'une overdose. Tu dois te reprendre et essayer de comprendre ce qui s'est passé !

Dans les jours qui suivirent, je rappelai mon ex-épouse pour tenter de tirer la situation au clair. J'eus alors la surprise d'apprendre que le rapport d'autopsie lui avait été communiqué par les médecins légistes dès avant les obsèques. Bien que troublé, je renonçai à lui demander les raisons pour lesquelles elle ne me l'avait pas apporté tout de suite. Je ne souhaitais aucun affrontement pendant ces heures douloureuses que nous aurions dû partager en toute compassion, comme un père et une mère – même séparés – le font en pareille circonstance. Cependant, je demandai à Danielle de m'adresser sans attendre une copie de ce rapport au Maroc, où je m'apprêtais à aller passer la fin du mois de juillet pour essayer de fuir les souvenirs de notre maison familiale.

Courant août, comme je n'avais toujours rien reçu, je piquai un coup de sang et rappelai mon ex-femme en la sommant de s'expliquer.

– Mais... Je t'ai envoyé ce document à Casablanca, répondit-elle sur un ton peu convaincu.

– En recommandé ?

– Euh, non... Il me semble que c'était une lettre simple.

Je commençais à trouver suspects tous ces atermoiements...

Il me fallut attendre le 27 septembre pour recevoir un exemplaire du rapport dactylographié qui, s'étalant sur seize pages, portait l'en-tête du parquet de Kempten. Aussitôt, je m'adressai à un expert interprète – Roland Berry – en lui demandant de le traduire. Dix jours plus tard, celui-ci m'appela pour me dire qu'il avait achevé son travail et qu'il souhaitait me le présenter de vive voix. A posteriori, je compris qu'en m'accompagnant dans la découverte que j'étais sur le point de faire, il souhaitait en atténuer la violence.

Depuis lors, et jusqu'à son décès il y a quelques années, Roland Berry et moi sommes toujours demeurés en contact. Sans fléchir, il a soutenu chacune de mes démarches, chacun de mes voyages et fut le plus sûr auxiliaire de mon combat pour la vérité.

*
**

Presque trois mois après la mort de Kalinka, la lecture de ces seize pages me heurta aussi brutalement que si l'on avait tué mon enfant une seconde fois. Depuis, je les ai parcourues si souvent, ces pages, qu'au bout de vingt-sept ans, des fragments entiers en sont encore gravés dans ma mémoire. En déchiffrant ces lignes, j'eus soudain la révélation que ma fille chérie, qu'on m'avait dite victime d'une insolation, était en fait décédée dans des circonstances particulièrement troubles. Ce fut le début d'une quête dont je ne soupçonnais pas, alors, qu'elle pût être si longue et si ardue.

À première vue, ce rapport très détaillé ne prétendait pourtant pas dévoiler quelque secret que ce fût. Plus tard, j'ai même acquis la conviction que les deux légistes qui l'avaient rédigé n'avaient pas mis sur le papier tout ce qu'ils avaient constaté. Ils s'en étaient tenus à des conclusions excessivement prudentes et, pour tout dire, évasives.

« D'après le résultat de cette autopsie, nous ne pouvons pas nous prononcer sur une cause nette du décès, lit-on aux derniers paragraphes de leur rapport. (...) Un jugement sans équivoque n'était pas possible, vu la décomposition extrêmement avancée, qui était d'une intensité tout à fait hors du commun. D'après la coloration sanguine du foie, de la rate, des reins et la teneur nettement élevée en liquide des poumons, il pourrait s'agir d'une déficience cardiaque et circulatoire (...) Mais il est aussi possible qu'une maladie inflammatoire du tissu pulmonaire fonctionnel ait été à l'origine du décès. »

Le moins que l'on puisse dire est qu'ils ne s'avançaient guère. Faute d'indication claire sur la cause de la mort, je glanai cependant un peu plus loin de précieux détails sur le déroulement de la journée du vendredi 9 juillet.

« Nous avons appris que Mlle Bamberski était rentrée le soir après avoir pratiqué de la planche à voile, et qu'elle s'était alors plainte de "malaises", relataient les médecins. Son beau-père, spécialiste en médecine interne, lui aurait injecté une préparation ferrugineuse dans la veine du bras droit, puisqu'elle s'était plainte de ne pas bronzer suffisamment. Elle se serait alors mise au lit et, selon les explications du beau-père présent après l'autopsie, serait allée boire un verre d'eau vers vingt-deux heures. Ensuite, elle aurait lu dans son lit jusqu'à minuit environ. On lui aurait alors demandé d'éteindre la lumière, ce qu'elle aurait fait. Le lendemain vers dix heures, le beau-père aurait trouvé Mlle Bamberski en position normale de sommeil, couchée sur le côté droit, morte dans son lit. À ce moment-là, la rigidité cadavérique aurait déjà existé. Le beau-père aurait alors essayé de faire une injection de Coramine dans le cœur et dans les jambes pour réanimation, ainsi que des injections de Novodigal et d'Isoptin. Selon le résultat de l'autopsie, on pense que la mort est survenue entre trois et quatre heures du matin. »

Stupéfiante, cette lecture me plongea dans un état de profonde détresse. Danielle, jusqu'à présent, ne m'avait rien dit de ces mystérieuses injections. Souhaitait-elle ainsi protéger son mari ? En quoi pouvait bien consister la mystérieuse préparation de « Kobalt-Ferrlecit » administrée à ma fille ? Krombach avait-il hâté le drame en jouant ainsi à l'apprenti sorcier ? Sur ce point, les légistes affichaient ostensiblement la plus grande prudence – tout en dénonçant l'absurdité des gestes pratiqués par le beau-père de Kalinka.

« L'administration de préparations ferrugineuses pour intensifier le bronzage est une méthode qui ne peut pas satisfaire le but recherché, affirmaient-ils noir sur blanc. Une seule administration d'une préparation ferrugineuse ne provoque d'ailleurs, chez un sujet jeune et en bonne santé, aucune altération mesurable et une telle injection est inapte à expliquer une maladie ou même un décès. L'administration des autres médicaments pour réanimation nous paraît grotesque chez un sujet déjà en rigidité cadavérique. (...) Le choix des médicaments, la localisation des points d'injection ainsi que le moment pour ce "traitement d'urgence" nous paraissent étranges. »

Révolté par le comportement de Krombach, je revins un instant aux premières pages du rapport et fus intrigué de découvrir que des lésions avaient manifestement été constatées lors de l'examen pratiqué sur l'appareil génital de Kalinka. « En ôtant le slip, on trouve sur l'entrejambe une mince couche rougeâtre ressemblant à du sang frais, et sur les grandes et petites lèvres, quelques dépôts rougeâtres », avaient noté les médecins. Sur la lèvre droite de la vulve, ils avaient en outre localisé « une déchirure d'un centimètre environ des couches cutanées supérieures, dont le fond contient un peu de sang ». En ouvrant le vagin, enfin, ils avaient relevé la présence de « substances blanchâtres » qui, sur le moment, n'avaient pas été identifiées.

Incapable d'interpréter ces constatations cliniques mais profondément troublé par ces anomalies intimes, j'avais la sensation que tout ne m'avait pas été dit sur la mort de Kalinka. Avait-elle été victime d'un accident qu'on aurait cherché à me dissimuler ? Les « expérimentations » de Krombach avaient-elles dégénéré de façon imprévue ? Ma pauvre enfant avait-elle subi une agression sexuelle avant sa mort ? À toutes ces questions, le rapport n'apportait aucune réponse. Sans écarter formellement la piste d'un acte criminel, les légistes s'étaient contentés d'écrire : « Nous n'avons pas trouvé d'indice pour l'intervention d'une tierce personne, responsable du décès. »

*
**

Ma première démarche, lorsque j'eus fini de lire ce document, fut d'appeler Danielle pour lui demander si les diverses analyses complémentaires qui avaient été envisagées par les deux légistes avaient, entre-temps, pu être réalisées. Ce coup de fil marqua le début des tensions qui, dès lors, ne cessèrent de se développer entre mon ex-femme et moi.

Elle sembla d'abord ne pas comprendre à quelles analyses je faisais allusion, ce qui me mit hors de moi. Avait-elle seulement pris la peine de lire ce rapport d'autopsie ? Elle m'affirma que oui.

– Eh bien dans ce cas, lui répondis-je, tu as dû voir que les médecins suggéraient de procéder à des analyses histologiques, toxicologiques et chimico-pharmacologiques pour tenter d'y voir un peu plus clair sur les causes de la mort. Ce n'est quand même pas rien !

Agacée, elle ne voyait toujours pas ce que ces analyses pouvaient nous apporter. D'après elle, de toute façon, si Kalinka était partie, c'est qu'elle devait partir... Pour elle, c'était assez affreux comme ça, on ne changerait rien à cette horrible réalité.

Malgré cette preuve évidente de mauvaise volonté, j'insistai, bien décidé à mieux comprendre, justement. Dans le même temps, je pris contact avec deux professeurs spécialistes de médecine légale afin de leur soumettre le rapport d'autopsie. Tour à tour, ces médecins de l'hôpital Rangueil et de l'hôpital Purpan l'étudièrent soigneusement et m'en firent, en substance, le même commentaire : techniquement bien fait, le compte rendu comportait de multiples lacunes qui, à leurs yeux, ne pouvaient être que délibérées.

– Quand on rend compte d'une autopsie pratiquée sur une adolescente, m'expliqua le premier, on commence évidemment par préciser si elle était vierge et si des traces laissent penser qu'il y a eu un rapport sexuel avant la mort, m'expliqua l'un d'eux. De même, on effectue systématiquement un frottis vaginal, surtout lorsque les examens superficiels mettent en évidence une lésion inexpliquée. Or aucune de ces investigations ne semble avoir été menée dans le cas qui vous intéresse...

L'autre légiste s'étonna de constater que l'autopsie avait été réalisée en présence de Dieter Krombach.

– Il n'avait pourtant rien à faire là, affirma-t-il. Et pour couronner le tout, ni les légistes, ni lui, qui est médecin, ni même l'inspecteur de la police criminelle n'ont songé à demander s'il n'y avait pas des traces d'agression sexuelle !

Enfin, le légiste de Purpan prit la responsabilité de m'indiquer franchement que tout cela lui paraissait suspect.

– D'après moi, il y a clairement eu un acte sexuel et la mort de votre fille est probablement en lien avec cet événement. Mais le plus étrange, c'est qu'on a manifestement voulu vous cacher quelque chose...

En me raccompagnant à la porte de son bureau, ce sexagénaire bonhomme me saisit par le bras et s'adressa à moi sur un ton soudain plus grave.

– Nous venons de passer un long moment à évoquer le décès de votre fille et je vous ai livré en toute sincérité mon opinion de professionnel. Avant de vous quitter, je voudrais cependant vous confier un autre point de vue... Vous savez, j'ai une longue expérience et je sais à quel point une position comme la vôtre peut être douloureuse. À coup sûr, vous allez remuer ciel et terre pour tenter de savoir la vérité et les obstacles sur lesquels vous risquez de buter vont probablement vous rendre très malheureux... La meilleure chose que vous ayez à faire est de rentrer chez vous et de brûler tous ces documents. Je pense malheureusement que vous ne parviendrez jamais à connaître la vérité.

Mais moi, je voulais savoir...

Je rappelai donc la mère de Kalinka pour lui faire part des soupçons que ces différents entretiens avaient fait naître en moi. Dieter Krombach, à tout le moins, ne nous avait pas tout dit sur les circonstances dans lesquelles Kalinka avait perdu la vie. Mon ex-épouse, de son côté, en savait-elle plus qu'elle ne voulait bien m'en dire ? Gênée par mes questions, elle finit par exploser.

– Qu'est-ce que tu cherches avec toutes tes insinuations ? hurla-t-elle dans le téléphone. Tu veux donc salir la mémoire de Kalinka ?

Face à mon insistance, elle lâcha :

– La vérité, c'est que tu veux te venger de Dieter parce qu'il t'a volé ta femme.

Effaré par cette réaction, je réalisai que j'allais dorénavant devoir combattre seul pour tenter de découvrir la vérité sur la mort de ma fille.

*
**

Au cœur de l'automne 1982, je me rendis au cimetière de Pechbusque et me recueillis longuement sur la tombe de Kalinka. Ce jour-là, je lui fis la promesse de me battre sans répit pour obtenir que justice lui soit un jour rendue, quel qu'en puisse être le prix. Habité par un sentiment de devoir paternel, j'étais alors bien loin de soupçonner qu'un tel engagement allait m'occuper durant trois décennies. Pour autant, j'avais la conviction qu'il me serait impossible de faire le deuil de ma fille tant que le responsable de sa mort n'aurait pas été officiellement désigné.

Certains, depuis que j'ai prêté ce serment, m'ont reproché – je l'ai déjà dit – de mener une quête obsessionnelle. Il est vrai que je n'ai jamais cessé d'être hanté par l'enchaînement d'anomalies, de dysfonctionnements, de bavures incompréhensibles qui ont constamment paralysé le processus judiciaire. Presque chaque nuit, j'en ai fait des cauchemars et nombre de mes amis m'ont, au fil des ans, conseillé de renoncer.

– Retourne à la vie, m'a-t-on souvent suggéré.

Mais qu'est-ce qu'une vie rongée par l'incertitude ? Et comment aurais-je pu abandonner Kalinka à son terrible destin : une jeune fille morte dans des circonstances troublantes, dont tout le monde ou presque semblait se désintéresser ?

Avec l'aide de Roland Berry, dont j'avais conservé les coordonnées depuis qu'il m'avait aidé à traduire le rapport d'autopsie, j'entrepris d'écrire au procureur de Kempten pour lui demander de faire réaliser les analyses complémentaires proposées par les médecins légistes. Compte tenu des nombreuses questions qui continuaient de planer sur les causes du décès, il me paraissait en effet naturel de mettre en œuvre tous les moyens possibles pour lever le doute. Tel ne fut pas, hélas, l'avis du procureur Schnabl qui, par un bref courrier daté du 21 octobre 1982, justifia sa décision de classer le dossier au plus vite.

« Cher monsieur,

Suite à votre lettre du 14 octobre, je vous informe que je ne vois pas de raison suffisante pour satisfaire votre demande visant à faire ordonner des examens tissulaires et toxicologiques sur les échantillons conservés.

D'après l'opinion des deux médecins qui ont pratiqué l'autopsie, dont la compétence en la matière ne permet aucun doute, on peut se baser sur le fait que, vu l'état avancé de décomposition, on ne peut espérer, au terme d'un examen histologique, un autre diagnostic que celui obtenu à l'autopsie.

Le rapport d'autopsie, que vous connaissez, se base sur le fait qu'il n'existe pas d'indice attestant l'intervention d'une tierce personne susceptible d'être impliquée dans la cause de ce décès – ce qui ne nous permet pas de pousser plus loin les enquêtes.

Salutations. »

Stupéfait par cette réponse pour le moins cavalière, je résolus de ne pas me laisser faire. Trop de mystères entouraient l'apparente « mort subite » de Kalinka. L'autopsie n'avait pas permis d'identifier le produit prétendument injecté par Dieter Krombach dans la soirée du 9 juillet. De même, les légistes s'étaient révélés incapables d'expliquer l'état de décomposition « extrêmement avancé » dans lequel se trouvait le corps de ma fille. Enfin, personne ne semblait s'être intéressé aux lésions suspectes détectées sur son appareil génital...

Début novembre, Roland Berry m'aida à contacter Me Rolf Bossi, qui était alors l'un des plus célèbres avocats du barreau de Munich. Par téléphone, nous lui exposâmes les motifs de mon insatisfaction et il accepta de m'assister pour faire pression sur le procureur Schnabl dans l'espoir d'obtenir la réouverture du dossier. Rapidement, nous obtînmes gain de cause et deux experts munichois en médecine légale, les professeurs Spann et Drasch, furent chargés d'analyser les différents prélèvements qui avaient été effectués à l'autopsie, puis de livrer une contre-expertise sur les causes du décès.

Leur rapport, dont le ton se voulait très prudent, ne m'en livra pas moins une précieuse indication sur le déroulement des faits, lorsqu'il fut transmis au parquet de Kempten, le 3 mars 1983. En analysant le fragment de peau qui avait été prélevé autour du site de l'injection pratiquée par Krombach sur le bras droit de Kalinka, les médecins avaient en effet relevé que l'apparition de l'hématome – dû à la petite hémorragie provoquée par la piqûre – n'avait été suivie d'aucune réaction inflammatoire. Autrement dit, la lésion n'avait pas entraîné l'afflux de globules blancs qui se produit normalement pour endiguer le risque infectieux. Ce qui, à en croire les professeurs Spann et Drasch, signifiait vraisemblablement que le décès était intervenu très vite après l'injection.

Dans un premier temps, je ne saisis pas bien l'importance de cette observation, qui avait été glissée de façon presque incidente au cœur de ce rapport long de vingt-huit pages. Grâce à l'aide de mes avocats, cependant, je compris rapidement qu'elle avait pour effet de fragiliser singulièrement la chronologie du récit fourni par Dieter Krombach devant les médecins qui avaient autopsié Kalinka. Dans sa première version, celui-ci avait prétendu lui avoir administré la piqûre le vendredi 9 juillet avant le dîner, soit aux alentours de dix-neuf heures trente. Or, un tel scénario paraissait désormais hautement invraisemblable dans la mesure où le décès, à en croire les légistes, était survenu bien plus tard – possiblement vers quatre heures du matin. Sans l'écrire clairement, les auteurs de la contre-expertise laissaient donc entendre que le récit livré par le principal témoin de la mort de ma fille était au moins inexact – et peut-être mensonger.

Malgré cette découverte capitale, les professeurs Spann et Drasch conclurent, à l'instar du premier légiste, que la cause du décès demeurait indéterminée. À leur décharge, il faut reconnaître qu'ils ne furent guère aidés par l'institution judiciaire. En dépit de leurs demandes insistantes, en effet, les deux médecins ne reçurent aucune information sur les conditions dans lesquelles l'appareil génital de

Kalinka, prélevé à l'autopsie, avait été conservé. Devais-je croire, comme le parquet de Kempten me l'avait un jour laissé entendre, que ces organes avaient été replacés sur le corps une fois les investigations terminées ? Avaient-ils, au contraire, été mis sous scellés ? Faute de réponse, il était impossible de rechercher les traces d'une éventuelle agression sexuelle.

Après avoir pris connaissance du rapport des deux professeurs, le procureur Schnabl décida au mois de juin 1983 de classer une nouvelle fois le dossier au motif qu'il n'existait « pas de preuves concrètes suffisantes » de nature à démontrer l'implication d'un tiers dans la mort de Kalinka. À mes yeux, la décision était d'autant plus révoltante que je commençais à entrevoir certaines irrégularités dans la procédure. Curieusement, comme dans un premier temps la piste criminelle n'avait pas été envisagée, Krombach n'avait été entendu par la police que le 18 mai 1983 – soit près d'un an après le drame, alors qu'il en était le principal témoin ! Contrairement à ce qui se passe normalement dans les enquêtes criminelles, la police avait en outre choisi de lui poser par téléphone une liste de questions auxquelles il avait pu fournir des réponses écrites. À l'évidence, il avait donc eu tout le loisir de soupeser soigneusement chacune de ses affirmations.

Ulcéré, je tentai encore de former un recours devant le procureur général de Munich qui, fin septembre 1983, le rejeta sans même se donner la peine de motiver sa réponse. C'est alors que je pris le parti de passer à l'offensive.

*
**

J'arrivai à Lindau le jour de la fête de la bière, bien décidé à profiter de l'affluence qui caractérise habituellement cet événement pour diffuser mon appel aussi largement que possible. Dans ma sacoche, j'avais glissé plusieurs milliers d'exemplaires d'un tract rédigé, traduit en allemand puis photocopié à la hâte dans les jours qui avaient précédé mon départ. Intitulé « Justice doit être rendue », ce document retraçait les multiples aberrations intervenues depuis le début de l'enquête sur la mort de Kalinka et mettait explicitement en cause non seulement le docteur Dieter Krombach, mais aussi le procureur Schnabl, le commissaire de police Gebath, le médecin légiste Hohmann et divers autres responsables de la procédure judiciaire allemande.

> « Vous devez savoir qu'un criminel vit à Lindau, avais-je inscrit en tête du document. C'est

le docteur en médecine interne Krombach, exerçant 23 A Bregenzerstrasse et habitant 9 Giebelbachstrasse. Le vendredi 9 juillet 1982, il a tué dans sa maison ma splendide fille Kalinka, âgée de quinze ans, en lui injectant une piqûre intraveineuse de Kobalt-Ferrlecit, prétendument pour la faire bronzer ! (...) Or, en lisant tout simplement la notice de ce médicament, on apprend :

– qu'il ne doit être utilisé que dans les maladies très graves alors que ma fille était en excellente santé !

– que c'est un médicament très dangereux : en particulier, il risque de provoquer une chute de la tension sanguine et un collapsus !

– qu'il ne doit être injecté qu'après une analyse de sang qui n'a pas été faite !

Malgré les nombreuses anomalies et les énormes contradictions évidentes dans les déclarations du docteur Krombach, le procureur du parquet de Kempten a classé le dossier. Pourquoi ? De plus, malgré les allusions dans les rapports médicaux au sujet d'un acte sexuel, cette question n'est même pas abordée. Pourquoi ?

Je demande donc publiquement que, finalement, justice soit faite car ma patience n'a que trop duré. La cause exacte de la mort doit être officialisée et l'assassin doit être condamné. »

Je laissai ma voiture dans le centre de cette jolie petite cité balnéaire, et commençai à glisser mes tracts dans les boîtes aux lettres, à les déposer sur les comptoirs des magasins et à les distribuer aux gens que je croisais dans la rue. Certaines personnes les jetèrent immédiatement, d'autres les lurent avec étonnement, d'autres encore refusèrent simplement de les prendre. Silencieux, je pus ainsi déambuler durant près de deux heures et en diffuser quelque deux mille exemplaires jusqu'à ce que, à la tombée de la nuit, deux policiers m'interpellent et m'invitent à les suivre au commissariat.

Une fois dans leurs locaux, on me notifia que Dieter Krombach, rapidement informé de ma présence à Lindau, avait porté plainte contre moi. Deux policiers avaient alors été envoyés à ma recherche en compagnie des enfants du médecin qui, m'ayant déjà rencontré, furent en mesure de m'identifier. Interpellé, je fus placé en garde à vue pour « diffamation », « trouble à l'ordre public », « insulte à la magistrature et outrage ». Sans me démonter, je répliquai aux fonctionnaires que j'avais dans ma sacoche tous les documents nécessaires pour étayer les accusations portées dans le tract. Puis j'annonçai aux policiers mon intention de porter plainte à mon tour contre Dieter Krombach. De la sorte, pensais-je, les autorités allemandes seraient bien obligées de rouvrir une enquête sur le viol et le meurtre de ma fille.

Malgré la gravité très relative des infractions qui m'étaient reprochées, les policiers me retinrent toute la nuit en garde à vue. À intervalles réguliers, l'interprète m'indiqua qu'ils téléphonaient au procureur de Kempten pour lui rendre compte de mes auditions. Comme le magistrat était l'une des principales cibles de mon tract, je me mis à craindre qu'on ne cherche à me faire payer mon insolence. Au bout de vingt-quatre heures, toutefois, je fus remis en liberté et informé qu'une décision de justice me serait notifiée dans les prochaines semaines.

Avant de quitter Lindau, je m'arrêtai dans un bureau de poste pour y collecter une pile d'annuaires téléphoniques et j'achetai des plans de l'agglomération, comptant bien poursuivre ma distribution de tracts par voie postale dès que je serais rentré à Toulouse. Éprouvante, cette brève incursion en terre allemande avait en effet conforté mon intuition que Krombach bénéficiait d'une forme de protection contre laquelle seule la mobilisation de l'opinion publique pouvait me permettre de lutter. De retour à Toulouse, je demandai donc à mon assistante d'utiliser ses heures perdues pour poster, méthodiquement, mes appels à l'aide aux habitants de Lindau.

Peu avant Noël, je reçus à mon domicile une ordonnance de référé m'informant que j'étais condamné à une peine de six mois de prison ainsi qu'à une amende de trois cent cinquante mille deutsche Mark (179 000 euros). Sans hésiter, je décidai de me soustraire à cette condamnation inique. La justice bavaroise, qui avait fait le choix de couvrir l'un de ses ressortissants malgré la gravité des preuves pesant sur lui, avait en effet perdu toute légitimité à mes yeux. Sans regret, je résolus donc de ne plus remettre les pieds en Allemagne.

*
**

Tant bien que mal, je tentai de reconstruire mon existence toulousaine tout en continuant à me débattre pour que le meurtrier de Kalinka comparaisse, un jour, devant la justice des hommes. Dans les années qui suivirent la mort de ma fille, il me fallut renoncer aux projets ambitieux que j'avais autrefois caressés. Sur le plan professionnel, mes rêves d'expansion furent mis en veilleuse. Longtemps, le petit immeuble que j'avais fait construire en 1981 dans le centre de Toulouse pour développer mon cabinet d'expert-comptable demeura ainsi aux trois quarts vide. L'œil rivé sur la procédure judiciaire qui m'obsédait, j'avais moins de temps pour me former aux nouvelles législations qui compliquaient en permanence l'exercice de ma profession. Au bout d'un moment, je finis d'ailleurs par vendre ces locaux pour installer mes bureaux dans la maison familiale de Pechbusque.

M'appuyant beaucoup sur Zohra, je m'efforçai d'être aussi présent que possible auprès de Nicolas qui, durablement marqué par la disparition de sa sœur, avait alors besoin d'être très entouré. Je l'aidais dans son travail, l'accompagnais lors de ses activités et l'emmenais régulièrement en vacances au Maroc pour essayer de lui changer les idées. Christiane, de son côté, m'épaula sans jamais se décourager, tout à la fois présente et discrète. Quelques proches aussi m'aidèrent à endurer mon chagrin, toujours prêts à m'écouter malgré l'inquiétude que ma résolution leur inspirait.

Ma foi en Dieu, enfin, me fut d'un grand secours. Après la mort de Kalinka, je fus notamment aidé à de nombreuses reprises par le prêtre qui lui avait enseigné le catéchisme avant de lui donner la première communion. Plus généralement, de nombreux fidèles de la paroisse se manifestèrent pour me faire connaître leur souhait de m'épauler, si j'en éprouvais le besoin.

Certains, depuis lors, m'ont demandé si le décès de ma fille n'avait pas, un temps, fragilisé ma croyance. En fait, il me semble que cette manifestation du mal absolu a renforcé mon lien avec le Seigneur. Cependant, je dois reconnaître que la certitude de la savoir au ciel, près de Dieu, ne m'est jamais apparue comme une consolation. Au contraire, je suis depuis hanté par l'ardente obligation de multiplier les démarches pour que son décès ne reste pas impuni. Prier, à mes yeux, ne pouvait suffire à réparer sa perte...

Malgré l'éloignement, mes efforts répétés pour activer la justice allemande livrèrent encore quelques fruits. Si ma plainte contre Krombach fut vite classée, je reçus, début 1984, une lettre d'un député bavarois à qui j'avais adressé une copie de mon tract. Dans ce courrier, l'élu m'indiquait que le ministre de la Justice du Land venait d'ordonner diverses investigations pour tenter d'élucider la mort de Kalinka. À sa demande, les enfants de Krombach furent interrogés en détail sur leur emploi du temps du 9 juillet 1982. Un expert en pharmacologie de Brême fut par ailleurs invité à se prononcer sur l'injection de Kobalt-Ferrlecit qui avait été administrée à Kalinka. Au terme de son rapport, il souligna les graves dangers de cette piqûre et, le premier, émit l'hypothèse qu'elle était peut-être la cause du décès.

Hélas, deux ans après ce rebondissement, l'enquête fut de nouveau classée par les autorités allemandes. Pour le principe, je formai encore un recours devant le parquet général de Munich, puis un autre devant le tribunal supérieur en 1986. En vain. Depuis de nombreux mois, déjà, j'avais perdu tout espoir de voir Krombach jugé dans son pays. Parallèlement aux démarches engagées outre-Rhin, j'avais donc demandé à la justice française de se saisir de l'affaire.

## – 4 –

Au tout début de l'année 1984, c'est sur les conseils du légiste de Rangueil – avec qui j'avais gardé contact depuis qu'il m'avait aidé à interpréter le rapport d'autopsie – que je décidai de porter plainte devant le tribunal de grande instance (TGI) de Paris.

– Après tout, votre fille avait la nationalité française, m'encouragea-t-il. Si les autorités allemandes refusent de mener l'enquête, il serait logique que la justice de son pays se penche sur les circonstances de sa mort. À votre place, je me renseignerais auprès d'un avocat pour voir si une telle démarche est juridiquement envisageable...

Aussitôt, je sollicitai un rendez-vous avec M^e^ Roger Merle, bâtonnier du barreau de Toulouse, qui, d'emblée, se passionna pour le dossier. Je me plongeai pour la première fois dans le code pénal et le code de procédure pénale – sans soupçonner que ces deux ouvrages allaient devenir mes livres de chevet dans le combat qui débutait à peine. Ensemble, le professeur Merle et moi-même rédigeâmes une plainte avec constitution de partie civile pour « viol et homicide volontaire » visant explicitement le docteur Dieter Krombach. Dans un premier temps, nous fîmes l'erreur de la déposer au tribunal de grande instance de Toulouse, qui se déclara aussitôt territorialement incompétent. En matière de crimes commis contre des Français à l'étranger, en effet, le code de procédure pénale déclarait à l'époque que la réponse judiciaire devait être assurée soit par le TGI le plus proche du pays concerné, soit par celui de Paris. Pour des raisons pratiques, et parce que nous étions convaincus que les magistrats en poste dans la capitale, généralement plus expérimentés, seraient mieux préparés au traitement d'un dossier qui s'annonçait complexe, nous retînmes la seconde option. En février 1984, une information judiciaire fut donc ouverte à Paris et le juge d'instruction Martine Anzani fut chargé de conduire les investigations.

Plein d'espoir, je me rendis à notre premier rendez-vous muni du dossier, déjà fort épais, que j'avais constitué depuis juillet 1982. Il comprenait bien sûr le rapport d'autopsie, mais aussi le compte rendu des investigations menées à la demande des magistrats allemands ainsi que les quelques observations que les légistes français avaient consenti à consigner par écrit après avoir consulté la procédure. Enfin, je transmis au juge une synthèse rédigée par mes soins retraçant les nombreuses contradictions et zones d'ombre que j'avais relevées dans le récit livré par Dieter Krombach et par la mère de Kalinka.

Le 25 octobre 1984, l'un des premiers actes d'instruction exécutés par le magistrat fut d'adresser une convocation au docteur Krombach, dont elle souhaitait recueillir le témoignage, pour la semaine du 19 au 23 novembre suivants. Soupçonnant peut-être qu'il risquait de se montrer fuyant, elle prit soin de lui laisser choisir le moment précis de cet interrogatoire. Comme on pouvait s'y attendre, cependant, cette démarche se solda par un échec.

Le 10 novembre suivant, en effet, le médecin lui répondait dans une lettre remarquable de prudence.

> « Madame,
>
> En ce qui concerne le décès de Kalinka Bamberski, le parquet de Kempten avait ouvert une information. Dans le cadre de celle-ci, une expertise médico-légale avait été effectuée. Puis, cette information a été suspendue. Suite à un recours de M. Bamberski, l'information a été rouverte. Elle a été suspendue une seconde fois. Sur des instigations de M. Bamberski, de nouvelles enquêtes ont été menées qui n'ont abouti à ce jour à aucun résultat. (...) Dans le cadre de l'information, j'ai fait des déclarations en qualité de

témoin. Si vous désirez obtenir des renseignements au sujet de l'ensemble de ces enquêtes, je vous prie de vous adresser au procureur près le parquet de Kempten. Celui-ci vous communiquera toutes les indications utiles.

Je me tiens à votre entière disposition si vous souhaitez me poser des questions complémentaires à celles de la police allemande. Toutefois, pour des raisons professionnelles, il me sera impossible de me déplacer à Paris. Je vous prie de m'informer, au cas où mon audition pourrait être effectuée par un service allemand se trouvant à proximité de mon domicile... »

Malgré le ton de cette missive, qui me dévoila pour la première fois le sentiment d'impunité qu'éprouvait de toute évidence Krombach sur le sol allemand, Martine Anzani ne se découragea pas. Début 1985, elle se tourna vers le parquet de Kempten et demanda à pouvoir interroger le principal témoin du drame ainsi que la mère de Kalinka, à Lindau, en présence d'un magistrat allemand. Presque un an s'écoula avant qu'un rendez-vous fût fixé pour le mois de novembre. En dépit des ratés qui en avaient marqué le démarrage, l'instruction semblait donc pouvoir enfin débuter lorsque, une semaine tout juste avant la date convenue, le juge Anzani reçut une télécopie provenant du procureur allemand. Lapidaire, ce document indiquait simplement que l'interrogatoire était annulé, les deux témoins refusant finalement de s'y soumettre. Il n'était pas nécessaire d'être grand clerc pour comprendre que la justice bavaroise n'avait aucunement l'intention de les y contraindre.

Parallèlement à ces démarches infructueuses, le juge Anzani décida d'ordonner l'exhumation de Kalinka afin de vérifier si son corps portait des traces de violences sexuelles. De façon inexplicable, je l'ai déjà dit, cette donnée essentielle n'avait pas été recueillie lors de la première autopsie. Au cours des années précédentes, j'avais prié à plusieurs reprises la justice allemande, alors seule compétente, d'autoriser cet acte d'enquête. Curieusement, le procureur de Kempten m'avait systématiquement opposé une fin de non-recevoir. Pour seule preuve de sa bonne volonté, il s'était borné à solliciter l'analyse des terres du cimetière de Pechbusque afin d'évaluer l'état de conservation dans lequel le corps de ma fille était susceptible de se trouver ! Signe d'une incontestable négligence, le magistrat allemand n'avait pas même pris le soin de me demander si le cercueil de Kalinka reposait dans la terre ou à l'intérieur d'un caveau...

Résolue à aborder de front la thèse du crime sexuel, Martine Anzani chargea deux médecins légistes de l'hôpital Rangueil de procéder, début décembre 1985, à un certain nombre d'examens sur le corps. Quelques jours avant l'exhumation, je fus informé de cette commission rogatoire par un officier de police judiciaire. Sans hésiter, je lui signifiai mon souhait d'assister aux investigations.

– Vous n'y pensez pas, trancha-t-il d'abord. La présence des proches est formellement interdite et, de toute façon, ce serait un spectacle insoutenable pour vous...

– Faites comme vous voulez, l'interrompis-je. Mais je peux vous assurer que ma fille ne sera pas exhumée en mon absence.

Avec l'appui du maire de Pechbusque, qui me connaissait suffisamment pour savoir qu'on ne me ferait pas fléchir sur ce point, j'obtins finalement gain de cause.

L'intervention des légistes se déroula par un beau matin ensoleillé. Fébrile, j'assistai à la mise au jour du cercueil, qui fut posé sur des tréteaux au milieu du cimetière. Comme le temps s'y prêtait, les médecins avaient décidé de pratiquer leurs examens sur place. Le compartiment métallique dans lequel Kalinka reposait fut découpé sous mes yeux, puis ils se mirent au travail. À leurs côtés, les spécialistes de l'identité judiciaire multipliaient les clichés tandis que le maire restait un peu en retrait.

D'emblée, nous eûmes la surprise de constater que le corps, contrairement à ce qu'avaient écrit les auteurs de l'autopsie, se trouvait, trois ans plus tard, dans un relativement bon état de conservation. Les yeux rivés sur la dépouille de ma fille chérie, j'écoutais l'un des légistes énoncer ses constatations sur un ton monocorde lorsque, soudain, je sentis une violente décharge parcourir mon corps.

– L'examen des ligatures pratiquées sur le ventre du sujet révèle que les organes génitaux n'ont pas été repositionnés sur le corps après avoir été prélevés à l'autopsie, venait de lâcher le médecin, d'une voix parfaitement égale.

Pas repositionnés ? S'il disait vrai, ce légiste venait de me dévoiler une aberration stupéfiante, infiniment plus grave que les autres errements de l'enquête allemande. Le procureur de Kempten, à qui j'avais pris soin de poser la question deux ans plus tôt, m'avait en effet assuré que l'ensemble des organes avait bien été replacé après l'autopsie. Pouvait-il s'être trompé à ce point ? Devais-je croire, au contraire, que la disparition des parties génitales de Kalinka m'avait été délibérément dissimulée ? Et dans ce cas de figure, devais-je en déduire qu'on les avait soustraites pour occulter les traces d'un viol ?

Je m'effondrai littéralement durant les trois ou quatre jours qui suivirent ce sordide épisode. Le matin même de l'exhumation, j'avais pourtant relativement bien supporté d'être confronté à la vision macabre du corps de Kalinka. Mon désir de connaître la vérité m'avait aidé à tenir bon. En outre, divers épisodes de ma vie m'avaient habitué à côtoyer la mort sans flancher. Mon séjour en Algérie, même s'il remontait à plus de vingt ans, fut sans doute le plus marquant. Chef de section, j'avais vu bien des cadavres tout au long de la guerre, et j'avais dû m'endurcir pour tenir le coup jusqu'à notre démobilisation.

Pour autant, je me révélai incapable d'affronter l'atroce réalité que l'exhumation de ma fille venait de me dévoiler. Étais-je en train de devenir complètement paranoïaque ? Non, je devais décidément regarder la vérité en face. Tout, désormais, concourait à me convaincre que l'autopsie de Kalinka n'avait été organisée que pour faire disparaître les traces d'un crime. La mère de mon enfant en avait été écartée, tandis que Krombach, le beau-père au comportement si étrange, y avait été convié. À en croire le rapport des légistes, les examens les plus élémentaires n'avaient pas été conduits. Pour justifier ces « oublis », les auteurs avaient écrit noir sur blanc que l'état de décomposition du corps compromettait le déroulement de ces analyses... Une contrevérité de plus !

Reclus dans ma maison de Pechbusque, je tentais d'assembler les pièces du si mystérieux puzzle qui apparaissait sous mes yeux. Krombach ? J'étais désormais convaincu qu'il avait tué Kalinka. Mais ce n'était pas tout. Pour expliquer les contretemps qui n'avaient cessé d'émailler la procédure allemande, il me fallait admettre qu'il avait bénéficié de circonstances plus que favorables. Je ne m'étais jusqu'alors jamais senti attiré par les théories du complot. Et pourtant... Les légistes, à tout le moins, avaient incontestablement remis un compte rendu d'examen erroné et incomplet. De son côté, le chef de la police criminelle s'était montré étonnamment peu curieux. Enfin, il me semblait avéré qu'on avait constamment cherché à couvrir Dieter Krombach en érigeant un rideau de fumée chaque fois que j'avais soulevé une question embarrassante.

Dans les semaines qui suivirent l'exhumation, le rapport des médecins toulousains fut transmis au parquet de Kempten qui se déclara passablement surpris par leurs conclusions. Des démarches, nous expliqua-t-on alors, furent engagées pour tenter de retrouver les scellés égarés – en vain. Visiblement pressé d'en finir avec cette embarrassante procédure, le parquet de Kempten conclut à l'absence de preuve susceptible d'étayer la thèse du crime sexuel avant de transmettre début 1986, comme pour prouver sa bonne volonté, l'ensemble du dossier aux autorités françaises.

*
**

Le deuxième acte décisif de l'instruction conduite à Paris fut ordonné par le juge Jean-Claude Vuillemin qui, fin 1985, succéda à Martine Anzani. Dans un premier temps, mes rapports avec ce magistrat furent plus difficiles qu'avec son prédécesseur dans la mesure où il avait pris la décision de faire traduire l'ensemble des pièces de la procédure allemande avant d'entamer son propre travail d'instruction. Longue et fastidieuse, cette formalité imposée m'irrita d'autant plus que j'avais pris la peine, pour gagner du temps, de lui communiquer une traduction du dossier établie à mes frais. Le magistrat me rétorqua que le fruit de ce travail, exécuté à la demande de la partie civile, ne pouvait tenir lieu de version officielle dans la mesure où il n'avait pas été élaboré par un expert indépendant. Passablement agacés, Me Roger Merle et moi-même acquiesçâmes avant de lui faire observer que rien, pourtant, ne lui interdisait d'ordonner des actes d'enquête pendant la traduction des pièces. Le ton était donné...

En dépit du temps ainsi perdu, Jean-Claude Vuillemin eut l'immense mérite d'ordonner, le 31 octobre 1986, une expertise médico-légale dont le résultat, versé deux ans plus tard au dossier de l'instruction, grava dans le marbre le mécanisme qui avait vraisemblablement entraîné la mort brutale de Kalinka. Jusqu'alors, les médecins allemands invités à livrer leur avis s'étaient bornés à juger le décès inexplicable, les premiers légistes ayant curieusement omis de rechercher les traces d'un éventuel produit toxique dans son organisme. Au contraire, les professeurs Michèle Rudler, Dominique Lecomte et Guy Nicolas, spécialistes respectivement en toxicologie, médecine légale et cardiologie, furent invités à repartir de zéro en conduisant l'ensemble des analyses envisageables pour cerner la cause du drame.

Outre les divers rapports établis en Bavière, les experts français se procurèrent l'ensemble des témoignages susceptibles d'éclairer le déroulement de la journée du 9 juillet 1982. Dans le même temps, des policiers français furent chargés de collecter, auprès du parquet de Kempten, la totalité des prélèvements effectués lors de l'autopsie. Le 25 mars 1988, ils rapportèrent ainsi à l'Institut de médecine légale de Paris un sachet contenant trente-cinq échantillons qui, prélevés sur divers organes, furent soumis à de nouveaux examens. Et malgré les six années qui s'étaient écoulées depuis le décès, quelques conclusions essentielles purent être atteintes grâce à ces nouvelles données désormais disponibles.

Les experts établirent tout d'abord clairement que Kalinka n'était affligée d'aucun problème de santé au moment de sa mort, contrairement à ce qu'avaient un temps laissé entendre sa mère et Dieter Krombach. Devant les policiers allemands, ce dernier avait notamment assuré que ma fille souffrait d'anémie. Naïvement, il avait même confié qu'il lui faisait régulièrement des injections intraveineuses d'un produit à base de fer. Était-ce le même qu'il disait avoir utilisé le soir de la mort de ma fille, prétendument pour l'aider à bronzer ? Quoi qu'il en soit, les scientifiques français relevèrent que « le diagnostic évoqué d'anémie repose uniquement sur l'avis du docteur Krombach, le dossier ne comportant aucun argument objectif sur ce point, en particulier pas d'examen hématologique ».

Cherchant peut-être à appuyer l'opinion émise par son mari, Danielle avait pour sa part raconté que sa fille avait « un teint pâle, laiteux », ajoutant qu'elle était « fatigable ». Lors du même interrogatoire, toutefois, elle avait reconnu, sans crainte de se contredire : « Kalinka avait toujours joui d'une bonne santé. Elle avait connu les maladies habituelles de l'enfance. Elle avait aussi souffert à l'âge de six ans d'une fracture du rocher causée par un accident de voiture, mais elle s'en était bien remise, sans la moindre séquelle. C'était une jeune fille sportive, qui pratiquait beaucoup le ski l'hiver, la natation et surtout la planche à voile l'été. »

Désireux de s'assurer une bonne fois pour toutes que Kalinka n'avait pas été brusquement emportée par une maladie jusqu'alors silencieuse, les experts firent analyser chacun des tissus collectés après la mort de ma fille. Ils conclurent : « L'autopsie confirme les données de l'enquête pour affirmer qu'il n'existait pas d'état antérieur chez cette adolescente de quinze ans. Tous les organes qui ont été examinés sont en effet sains, qu'il s'agisse de l'ensemble cardio-vasculaire, du cerveau, des surrénales... Il n'y a donc aucune cause organique qui puisse expliquer cette mort subite. »

Cette certitude acquise, les experts s'employèrent à critiquer vertement la façon dont leurs homologues allemands avaient conduit les investigations *post mortem*. Comme me l'avaient oralement confié les légistes toulousains que j'avais consultés fin 1982, l'autopsie avait été entachée d'effarantes lacunes. « L'expertise pratiquée sur les prélèvements laisse apparaître un certain nombre d'anomalies, aussi bien au niveau de la technique utilisée, non représentative d'un laboratoire de toxicologie moderne, qu'à celui des méthodes d'extraction employées, insuffisantes pour identifier de nombreuses substances médicamenteuses », constatèrent les médecins français. Agacés par une telle négligence, ils enfoncèrent le clou. « On est surpris par l'absence dans le dossier de deux éléments particulièrement importants. Aucune recherche toxicologique n'a été faite au niveau du sang. Or, c'est ce liquide biologique qui devait fournir les éléments les plus importants puisque le problème d'une intoxication médicamenteuse était posé. » Enfin, déplorèrent-ils, « les organes génitaux ont été prélevés lors de l'autopsie et ils n'ont pas été retrouvés à l'exhumation. L'examen histologique de ces organes était pourtant essentiel, et plus particulièrement celui de la lésion cutanée décrite au niveau de la grande lèvre droite. » Noir sur blanc, il était désormais indiqué dans la procédure française que l'autopsie pratiquée en Allemagne avait été bâclée. Restait à déterminer si cette incurie résultait de l'incompétence des légistes ou de leur volonté de masquer les véritables causes de la mort.

Par un miracle que je peine aujourd'hui encore à m'expliquer, les innombrables erreurs commises en 1982 n'empêchèrent pas ces experts d'effectuer, plusieurs années après la mort de Kalinka, une découverte capitale. En faisant analyser les tissus prélevés sur les poumons, ils s'aperçurent en effet que les bronches et bronchioles de ces organes étaient à de multiples endroits « obstrués par des matières d'allure alimentaire, végétale ». Or, cette observation, que les légistes allemands avaient à peine esquissée dans leur rapport, constituait indubitablement, à en croire les experts, « le signe d'une régurgitation intra-bronchique ». « La régurgitation de substances alimentaires dans les voies aériennes est le témoin d'un phénomène agonique ou d'un coma profond et peut entraîner un état de détresse respiratoire mortelle », précisèrent ainsi les conclusions du rapport. Ce qui, traduit en langage profane, signifiait que Kalinka était très vraisemblablement morte asphyxiée par le reflux, vers les poumons, des aliments absorbés au dîner du vendredi.

Ce constat, s'il me parut d'abord accessoire, fut l'indice qui faisait jusqu'alors défaut pour comprendre les circonstances du décès. L'organisme, en effet, est équipé d'une sorte de « clapet » censé, lorsque le sujet est pris de vomissements, bloquer l'intrusion de nourriture dans les voies respiratoires. Or, il est établi que seul un décès brutal ou un coma profond peut entraîner l'inactivation de ce dispositif. Autrement dit, la présence de nourriture dans les poumons « signait » irréfutablement la mort violente de Kalinka. Laquelle, des experts allemands l'avaient déjà affirmé, était intervenue aussitôt après l'injection faite dans le bras droit de ma fille.

Cinq ans après les faits, les pièces du puzzle commençaient donc à s'assembler. Le soir du vendredi 9 juillet 1982, Kalinka était de toute évidence dans une forme parfaite lorsqu'elle avait regagné la maison de Krombach après avoir passé l'après-midi à se baigner. Le repas, d'après le témoignage des enfants, s'était déroulé normalement et tout le monde était allé se coucher peu après vingt-deux heures. Bien plus tard, comme il l'avait indiqué aux policiers en mai 1983, le beau-père s'était relevé pour prendre des médicaments. Dans la cuisine ou dans le couloir, il avait dû croiser Kalinka, dont la chambre se trouvait au rez-de-chaussée. Il faisait chaud, elle avait peut-être eu du mal à s'endormir. S'était-elle couchée en tenue légère, comme elle le faisait volontiers durant les nuits d'été ? Lui avait-il proposé de lui injecter un médicament pour l'aider à trouver le sommeil ? À quel moment, précisément, avait-il senti monter la pulsion en lui ?

Si les détails du scénario m'échappaient encore, la trame en était désormais limpide. Krombach, j'en étais certain, avait violé ma fille. Aux alentours de vingt-trois heures trente, il lui avait planté l'aiguille d'une seringue dans le bras droit. Puis il avait appuyé. Un liquide inconnu, ou peut-être de l'air, avait passé dans ses veines. À cet instant précis, Kalinka avait été terrassée par un choc cardio-vasculaire. Par réflexe, son estomac avait expulsé les aliments non encore digérés, qui avaient reflué vers les poumons. Elle avait suffoqué. Elle s'était éteinte.

Le ressort du crime, je n'en doutais plus, était le désir que ma fille avait dû inspirer à Krombach. Sublimement belle, insouciante, libre, elle était morte d'avoir croisé la route d'un homme qui, je l'ai su plus tard, était dangereusement attiré par les adolescentes. L'avait-il tuée après l'avoir violée, pour garantir son silence ? Ou bien avant, pour s'assurer que son corps inerte ne serait plus en mesure de se défendre ? Tenta-t-il vraiment de la ranimer en multipliant les piqûres, comme il le prétendit par la suite ? Ou voulut-il s'assurer de sa mort en lui injectant des produits notoirement incompatibles, comme les experts français l'établirent dans une deuxième expertise communiquée quelques mois après la première ?

*
**

À défaut de pouvoir poser immédiatement ces questions à Dieter Krombach, qui persistait à se murer dans le silence, le juge Sabine Foulon, qui avait entre-temps succédé à Jean-Claude Vuillemin, entreprit d'interroger la mère de Kalinka sur la chronologie du drame. Si elle s'entêtait à soutenir son mari, Danielle ne pouvait se soustraire à la convocation du magistrat dans la mesure où elle se rendait régulièrement en France pour voir sa mère et son fils. Avec son accord, il fut donc prévu qu'elle serait entendue le 19 février 1988. Sur ma suggestion, le juge saisit cette occasion pour organiser une confrontation entre nous.

Depuis le décès de Kalinka, Danielle et moi avions été contraints de demeurer en contact pour le bien de Nicolas, qui continuait naturellement à passer des vacances avec sa mère. Dès l'automne 1982, cependant, j'avais décidé qu'il ne remettrait plus les pieds chez Krombach, si bien que Danielle avait accepté de faire le déplacement lors des vacances scolaires. Dire que l'atmosphère était parfaitement cordiale lors de nos rencontres serait excessif, mais chacun d'entre nous consentait de réels efforts pour que les choses se passent au mieux. À deux reprises, j'avais même profité de la venue de mon ex-femme à Toulouse pour tenter de lui ouvrir les yeux. Je lui avais fait part de mes soupçons et lui avais détaillé mes démarches visant à établir la vérité. Chaque fois, cependant, elle avait réagi de façon si agressive que j'avais craint de perdre à mon tour mon sang-froid. Aussi, je résolus de mettre davantage de distance entre nous, pour limiter désormais nos relations à ce qui aurait trait à Nicolas.

Dans le cabinet du juge Foulon, Danielle se borna d'abord à répéter ce qu'elle et son mari avaient toujours affirmé, sans savoir que leur version était désormais formellement invalidée par les expertises médicales. Contre toute vraisemblance, elle jura que la piqûre dont la trace apparaissait sur le bras droit de Kalinka avait été faite, à sa demande, juste après le repas du soir.

– Elle a demandé à avoir son injection et je sais qu'elle en a eu une car elle est arrivée dans la cuisine en tenant son coton sur le bras, assura-t-elle avant d'ajouter : « La piqûre de Kobalt-Ferrlecit a été faite alors que ma fille était couchée sur le divan du salon. »

Elle confirma ensuite que la soirée s'était déroulée normalement jusqu'à ce que tout le monde aille se coucher.

– Le lendemain, précisa-t-elle simplement, mon mari m'a dit qu'il avait été malade et qu'il était descendu aux toilettes, qu'il avait vu de la lumière dans la chambre de Kalinka, qu'elle lui avait demandé à boire et qu'il lui avait apporté un verre d'eau. Moi, je n'ai rien entendu de la nuit...

Enfin, Danielle assura n'avoir été informée du drame que le samedi matin.

– Lorsque je me suis levée, précisa-t-elle, mon mari est venu dans ma chambre. Il m'a dit : « Kalinka », en faisant un geste, et j'ai compris en le voyant qu'il s'était passé quelque chose de grave.

Je suis descendue aussitôt et j'ai trouvé ma fille dans son lit comme si elle dormait. Diana, la fille de mon mari, était auprès d'elle. C'est elle qui a téléphoné aux médecins, qui sont venus tout de suite. En voyant ma fille, je l'ai prise dans mes bras mais elle était déjà toute froide. Toute raide.

La tension monta d'un cran lorsque le juge Foulon me fit entrer dans son bureau pour la confrontation. Avant cela, elle m'avait soumis les déclarations faites par la mère de Kalinka afin que je puisse en prendre connaissance. Face à moi, Danielle paraissait nerveuse, fébrile. Je décidai de passer aussitôt à l'attaque, conscient que se jouait là l'unique occasion de la pousser à dire ce qu'elle savait.

– Je voudrais faire ressortir les contradictions de Danielle, qui dit qu'elle a été réveillée à huit heures et demie par son mari, donc bien plus tôt que ce qu'elle avait précédemment déclaré...

Agacée, Danielle m'interrompit :

– Huit heures et demie, neuf heures... Je n'ai pas regardé l'heure exactement. Je n'avais pas la tête à ça !

Je lui demandai ensuite pour quelle raison, lorsqu'ils m'avaient annoncé la mort de Kalinka, Krombach et elle avaient soigneusement omis d'évoquer l'injection faite au bras droit de ma fille.

– Je ne suis pas d'accord sur ce point, assena-t-elle alors sans montrer le moindre embarras. Le jour où monsieur Bamberski est venu voir le corps, mon mari lui a dit qu'il avait fait une piqûre à Kalinka.

Estomaqué par son toupet, je la fixai droit dans les yeux et lâchai :

– Je suis formellement certain qu'on ne m'a pas parlé de cette piqûre. D'ailleurs, je tiens à souligner que cette histoire d'injection faite vers vingt heures est un mensonge.

– Ce n'est pas un mensonge ! Je dis la vérité.

Sentant qu'elle commençait à vaciller, je soulignai que mon ex-épouse n'avait fait aucune démarche pour connaître la vérité sur le décès de notre fille.

– Je ne sais pas si l'on peut dire dans quel état j'étais... Dans quel état peut être une mère dans les mois qui suivent la mort de son enfant...

– Mais j'ai demandé, quand j'ai eu le rapport, si les examens complémentaires avaient été faits. Pourquoi ne t'en es-tu pas préoccupée ?

Danielle, je le sentais, était maintenant sur le point de craquer. Bousculée par l'enchaînement des questions, elle donnait des signes de fatigue. Je décidai de tenter le tout pour le tout.

– Je voudrais que tu libères ta conscience...

Au bout de quelques instants, elle murmura :

– Ma conscience est libérée. C'est toi qui t'imagines...

– Je ne m'imagine pas, j'en suis sûr !

– Monsieur Bamberski, ça suffit ! Ce n'est pas vous qui conduisez l'entretien.

Sabine Foulon, qui n'avait pas perdu une miette de notre échange, venait de m'interrompre brutalement. Soulagée, Danielle put se ressaisir. La confrontation touchait à sa fin et elle avait tenu bon. Rien, décidément, ne semblait pouvoir la désolidariser de Krombach.

En quittant le Palais de justice, je m'efforçai de comprendre quelles forces si puissantes pouvaient conduire mon ex-épouse à mentir de la sorte pour protéger le meurtrier de sa fille. Redoutait-elle son mari ? L'avait-il menacée de lui faire du mal si elle le trahissait ? Ou bien agissait-elle ainsi parce qu'elle se sentait coupable d'avoir laissé Kalinka à proximité de cet homme ?

Quelle que fût l'explication, je ne comprenais pas qu'une mère pût se faire l'avocate d'un être – fût-il son époux – sur lequel planaient de pareils soupçons. Pourquoi se refusait-elle à admettre que la mort de Kalinka était de plus en plus suspecte ?

*
**

Ayant mené à terme l'ensemble des investigations envisageables sans le concours de Dieter Krombach, le juge Foulon décida à son tour de le convoquer afin de lui notifier l'ensemble des charges qui pesaient désormais contre lui. Pressentant sans doute sa réaction, elle précisa dans le courrier qu'elle lui adressa : « Je suis consciente du dérangement qu'un déplacement de Lindau à Paris va entraîner pour vos activités professionnelles mais je suis dans l'obligation, pour la bonne marche de mon dossier, de vous l'imposer. »

Vers la fin du mois de février 1989, Sabine Foulon reçut la réponse du médecin qui, après avoir pris le conseil d'un avocat, refusa tout net de se présenter.

> « Je suis ressortissant allemand, écrivit-il au magistrat. Le décès de Kalinka Bamberski, que vous traitez, est survenu en Allemagne. Même si la victime est française, c'est la justice allemande qui est compétente pour cette affaire. Elle s'est occupée dès 1982, puis dans les années qui ont suivi – à plusieurs reprises et de manière très approfondie – de l'examen de ce décès tragique, essentiellement en vertu des demandes de M. Bamberski. J'ai moi-même été entendu de manière détaillée lors de l'autopsie et ultérieurement par la police judiciaire. Sur la base de son enquête, la justice allemande est parvenue à la

conclusion qu'il n'existait aucune culpabilité d'un tiers dans le décès de Kalinka.

Je vous assure que je n'ai aucune responsabilité dans la mort de Kalinka.

Les dossiers des autorités allemandes sont certainement à votre disposition. Je ne vois aucune raison pour moi de me déplacer à Paris pour une audition. Un tel voyage constituerait pour moi, à tous égards, une charge considérable. Pour vous montrer ma bonne volonté de principe, je serais prêt, le cas échéant, à un entretien à mon domicile ou dans un voisinage proche. Il devrait avoir lieu en allemand. Mon interlocuteur devrait être de sexe masculin. »

Sans se démonter, le juge Foulon prit acte de l'obstruction pratiquée par Dieter Krombach et demanda au parquet de Kempten de lui notifier son inculpation. L'information étant désormais terminée, je n'avais plus qu'à attendre le procès. Il me fallut cependant prendre mon mal en patience encore plusieurs années. L'acte d'accusation, en effet, ne fut rendu que le 8 avril 1993. Accablant, il renvoyait Dieter Krombach devant une cour d'assises, qui devrait le juger pour « homicide volontaire ».

Durant tout ce temps, l'humanité et la compréhension de Sabine Foulon m'avaient permis de supporter la lenteur éreintante du processus judiciaire.

– Vous devrez faire preuve de patience, m'avait-elle annoncé lors de notre première rencontre. Compte tenu de ses implications dans les relations entre la France et l'Allemagne, votre dossier est « signalé ». Autrement dit, je suis tenue d'informer le parquet chaque fois que j'ordonne un acte d'enquête. Ce qui, inévitablement, va rallonger d'autant la durée de l'instruction...

Une fois l'acte d'accusation signé, Dieter Krombach demanda à M^e^ François Serres, son avocat français, de former un pourvoi en cassation contre cette décision au motif qu'elle contrevenait, selon lui, au principe de l'autorité de la chose jugée. Devant les hauts magistrats, le médecin soutint en effet que l'enquête menée après la mort de Kalinka avait été classée par la justice allemande. À l'entendre, l'affaire était donc définitivement close et ne pouvait être rouverte par aucune juridiction.

Fort heureusement, M^e^ François Gibault, l'avocat parisien qui assurait ma défense aux côtés de M^e^ Roger Merle, n'eut pas de mal à faire valoir que le principe *Non bis in idem*, selon lequel on ne peut juger deux fois les mêmes faits, ne s'applique que lorsqu'un jugement définitif a été rendu – ce qui ne s'était jamais produit après la mort de Kalinka. Après en avoir débattu, les magistrats de la Cour de cassation confirmèrent donc le renvoi de Krombach devant la cour d'assises de Paris.

Cet obstacle levé, l'accusé tenta aussi par tous les moyens de faire ajourner son procès. Curieusement, ses avocats produisirent plusieurs lettres dans lesquelles le ministère allemand des Affaires étrangères demandait à la justice française de renoncer à juger son ressortissant. Éberlué, je peinais à croire que Berlin puisse ainsi tenter de faire pression sur des magistrats indépendants. Et pourtant... À plusieurs reprises, la session de cour d'assises lors de laquelle l'homicide de Kalinka devait être jugé fut reportée. Naïf, je n'y vis d'abord qu'un concours de circonstances. Bien décidés à ne pas céder, les juges parisiens finirent d'ailleurs par constater le refus de comparaître du meurtrier présumé. Une procédure de jugement par contumace fut engagée et l'audience fut fixée au 1er mars 1995. Tout était désormais en place pour qu'intervienne, enfin, le dénouement judiciaire du drame qui m'accaparait depuis déjà près de treize ans.

# – 5 –

Autour de moi, le grand hall bruissait de son habituel brouhaha. Nerveux, j'avais gravi les marches du Palais de justice avec un bon quart d'heure d'avance sur l'horaire prévu. Je m'étais dirigé vers la salle d'audience où la session d'assises, convoquée ce 1er mars 1995 à seize heures précises, devait se tenir. J'avais regardé par le hublot de la porte capitonnée, surpris de constater que les bancs du public étaient encore vides. Puis, m'attendant à ce que Me François Gibault ne me rejoigne qu'au tout dernier moment, j'avais pris place à l'entrée d'un étroit couloir qui semblait longer la salle d'audience, puis disparaissait dans l'obscurité pour plonger, sans doute, vers les entrailles du bâtiment.

Seul, immobile dans la pénombre, j'attendais depuis un bon quart d'heure lorsque trois hommes, la mise soignée et le regard grave, passèrent devant moi et se glissèrent dans l'énigmatique corridor. Ils parlaient à voix basse mais il me sembla saisir que l'un d'eux s'exprimait en allemand. Après quelques instants, le bruit de leurs pas s'interrompit.

– Où peuvent-ils bien aller ? me demandais-je, perplexe.

Une porte s'ouvrit, une main se tendit vers eux. Dans une demi-lumière, il me sembla percevoir qu'on lui remettait une carte de visite. Trente secondes encore s'écoulèrent puis une voix de femme invita les trois spectres à passer le seuil de la pièce qui se dissimulait à ma vue.

Vaguement inquiet, je constatai que la salle où devait se tenir le procès par contumace de Dieter Krombach était toujours vide lorsque j'entendis la voix amicale de François Gibault résonner derrière moi.

– Pardonnez-moi de n'arriver que maintenant mais j'étais ce matin à Lyon et je descends tout juste du train...

Il me serra la main, poussa la porte de la salle d'audience puis s'immobilisa.

– Que se passe-t-il ? Il n'y a personne ?

– Non... Ou plutôt, si. Il y a trois gars qui viennent juste de passer. Ils sont partis par là...

D'un doigt mal assuré, j'indiquais l'impressionnant couloir lorsque Gibault s'écria :

– Mais... C'est le bureau du président, là ! Qu'est-ce que c'est que cette histoire ?

Le pas décidé, il s'enfonça à son tour dans l'ombre et frappa trois coups secs à la porte qui s'ouvrit aussitôt. Au bout de quelques minutes, il ressortit et revint vers moi, tout aussi rapidement mais le visage déconfit.

– C'est insensé, lâcha-t-il, ulcéré. Figurez-vous que ces types sont les deux avocats de Krombach, accompagnés de l'ambassadeur d'Allemagne en personne ! Et pour couronner le tout, le président m'a tout simplement mis dehors quand je lui ai dit que je voulais assister à leur réunion.

Une demi-heure durant, nous restâmes plantés là à attendre sans rien faire. Gibault, pris d'un coup de sang, repartit à l'assaut du bureau et se fit de nouveau expulser. Décontenancé, je commençais à m'inquiéter de cet étrange spectacle qui augurait bizarrement du procès tant attendu. Que pouvait bien signifier le privilège ainsi accordé aux représentants d'un accusé qui, depuis des années, n'avait cessé de se dérober à la justice française ?

Vers dix-sept heures quarante-cinq, l'un des trois hommes sortit et passa devant nous sans nous saluer. Il fut suivi, environ une demi-heure plus tard, de ses deux acolytes. Le chemin étant enfin libre, Me Gibault s'engouffra dans le bureau du président Didier Wacogne. Seul à l'entrée de la salle d'audience, je trépignais, désormais résigné à ce que les choses ne se déroulent pas comme prévu. Je ne m'attendais toutefois pas à la nouvelle que mon avocat m'annonça lorsque, au bout d'une dizaine de minutes, leur entretien eut pris fin.

– Je n'en reviens pas... Sans la moindre explication, il m'a annoncé qu'il comptait reporter le procès de Krombach *sine die.* Ce type est incroyable ! Il a fallu que je pique un coup de sang pour lui faire entendre qu'il n'avait aucun droit d'agir ainsi. Je l'ai interrogé sur ces Allemands mais il n'a rien voulu me dire. Finalement, comme je lui répétais qu'il était saisi de votre affaire dans le cadre d'une session d'assises donnée, et uniquement dans ce cadre, il a consenti à fixer une date d'audience. Le procès est donc reporté à huitaine...

*
**

Déstabilisé par ce mauvais coup de théâtre, je rongeai mon frein durant toute la semaine et me présentai de nouveau aux marches du Palais, le 9 mars vers huit heures et demie. Cette fois, le spectacle que je découvris en approchant de la salle d'audience fut beaucoup plus conforme à ce que j'avais imaginé. Les deux avocats de Krombach, Mes François Serres et Wolfgang Schomburg, avaient revêtu leur robe. À leur côté, le premier conseiller de l'ambassade d'Allemagne à Paris, Friedrich Catoir, attendait sagement le début du procès.

Ponctuels, le président Wacogne et ses deux assesseurs firent leur entrée à neuf heures précises et l'audience fut aussitôt déclarée ouverte. Un peu tendu, je m'assis derrière Me Gibault et m'étonnai d'emblée lorsque les trois défenseurs de Krombach furent invités à prendre place dans le prétoire – et non sur les bancs du public. Au cours des derniers jours, j'avais étudié un livre sur le fonctionnement des cours d'assises dans lequel il était très clairement indiqué qu'un accusé absent, lors d'un procès par contumace, ne peut en aucun cas être activement représenté à l'audience. En invitant les deux avocats et le diplomate à siéger au cœur de l'arène qu'il s'apprêtait à présider, Didier Wacogne leur accordait donc une faveur dont j'eus du mal à m'expliquer la signification.

D'un regard, François Gibault s'efforça de me rassurer. Après tout, la présence de ces trois hommes ne pouvait pas changer grand-chose au déroulement de l'audience qui, dans les procès par contumace, suit invariablement le même protocole résumé à l'extrême. En l'absence de l'accusé, en effet, le code de procédure pénale prévoit que les débats sont réduits à leur plus simple expression, seuls l'avocat de la partie civile et le représentant du ministère public étant tour à tour invités à s'exprimer. L'usage veut par ailleurs que la peine maximale prévue pour le crime visé soit systématiquement demandée, la cour d'assises étant en principe tenue de suivre les réquisitions de l'avocat général. À examiner froidement la situation, je n'avais donc guère de souci à me faire...

Après avoir réglé quelques détails d'organisation, le président donna la parole à sa greffière. Celle-ci, d'une voix claire, commença à lire l'arrêt de la chambre d'accusation qui, prononcé le 8 avril 1993, renvoyait le meurtrier présumé de ma fille devant la cour d'assises.

– Vu la procédure suivie contre M. Krombach Dieter, né le 5 mai 1935 à Dresde, en Allemagne, fils de Walter et de Marianne Brendler, domicilié à Lindau...

Je tressaillis en entendant ce nom maudit résonner enfin dans une enceinte judiciaire. Bien sûr, l'accusé était absent et mon soulagement ne pouvait être complet. Pourtant, après toutes ces années, cette cour d'assises allait dire le droit et jeter l'infamie, je n'en doutais pas, sur le responsable de mes malheurs.

Ayant résumé le déroulement de la procédure, puis énuméré les différentes expertises médicales conduites depuis la mort de Kalinka, tant en Allemagne qu'en France, la greffière en vint à présenter la posture adoptée par l'accusé tout au long de l'instruction.

– Après avoir refusé catégoriquement de déférer à toute convocation du magistrat instructeur,

Dieter Krombach a été entendu à deux reprises, les 8 février 1990 et 23 avril 1991, par un magistrat allemand. Il s'est contenté d'affirmer que son diagnostic d'anémie concernant Kalinka reposait sur des analyses de laboratoires qu'il n'a pas pu produire. Il a confirmé la chronologie des faits. À savoir, une injection de Kobalt-Ferrlecit pratiquée vers vingt heures trente, que l'enfant avait parfaitement supportée puisqu'il lui avait ensuite parlé vers minuit. Puis la découverte du corps, vers neuf heures et demie le lendemain, accompagnée de vaines tentatives de réanimation...

Les phrases suivantes, résultat d'une instruction menée dans l'ombre pendant près de dix ans par des magistrats obstinés qui n'avaient rien à attendre d'une affaire à la fois complexe et ingrate, je les connaissais par cœur. Sèches, précises, elles dissipaient soudain le brouillard qu'on s'était efforcé de répandre autour de la mort de Kalinka. Elles pointaient les contradictions. Dénonçaient les incohérences.

– Dieter Krombach a admis les risques d'état de choc secondaire liés à une telle injection, poursuivit le magistrat. Il a reconnu avoir employé des substances incompatibles entre elles lors des « manœuvres de secours »... Sans s'expliquer à ce propos.

Pour sa défense, la greffière le rappela ensuite, l'accusé s'était contenté de contester la validité des analyses histologiques démontrant que la mort était contemporaine de l'injection – sans vraiment convaincre. À l'heure de le juger, la seule question qui vaille était donc de savoir si la piqûre avait été administrée pour tuer, ou si elle avait accidentellement entraîné un décès dont Krombach avait aussitôt cherché à masquer l'origine.

– La cour, lut-elle alors, constate que les différents éléments d'ordre médical recueillis au cours de l'information permettent de conclure que le décès de Kalinka Bamberski est la conséquence directe d'une injection intraveineuse effectuée par Dieter Krombach.

La voix soudain plus grave, elle poursuivit :

– Pour justifier cet acte, celui-ci a fourni des explications contradictoires et mensongères en invoquant d'abord le souci d'accélérer le bronzage de la jeune fille, puis la lutte contre l'anémie dont elle souffrait. Or, le Kobalt-Ferrlecit n'a pas pour effet de favoriser le bronzage et Kalinka se présentait à cette époque comme une jeune fille en parfaite santé, dont le suivi médical n'évoque aucun symptôme d'anémie...

Face à moi, les avocats de la défense et le diplomate allemand arboraient des mines impassibles tandis que l'acte d'accusation se faisait, à chaque phrase, plus accablant.

– Dieter Krombach a également menti au sujet de la chronologie des faits en affirmant que l'injection avait été pratiquée plusieurs heures avant le décès. Enfin, le simulacre de réanimation et l'emploi de produits incompatibles entre eux chez le vivant ne peuvent s'expliquer que par la volonté de dissimuler l'origine de la mort...

Un instant, le silence retomba. Puis, lentement, la greffière conclut :

– L'ensemble de ces éléments constituent des charges suffisantes laissant présumer que Dieter Krombach a pratiqué la piqûre mortelle non pas dans un but curatif, mais dans l'intention de donner la mort.

Dans l'intention de donner la mort... Treize ans après la disparition de ma petite fille, un magistrat français venait de prononcer à haute et intelligible voix les mots que j'avais tant espérés. Peu m'importait que les bancs du public, derrière moi, fussent presque déserts. Malgré les mensonges de Krombach, malgré les ratés de l'enquête allemande, malgré les protections dont, peut-être, il avait bénéficié, la justice de mon pays avait finalement ouvert les yeux. Je n'attendais plus que la sentence.

Par une brève plaidoirie, François Gibault appuya le raisonnement des magistrats de la chambre d'accusation avant de se rasseoir. À son tour, l'avocat général se leva et, sans fioriture, demanda à la cour de condamner Krombach à trente ans de réclusion criminelle. Surpris, mon avocat et moi-même échangeâmes un murmure. Le ministère public n'était-il pas tenu de réclamer la peine maximale ? En l'espèce, l'accusé, qui était poursuivi pour un homicide volontaire sur mineur, encourait incontestablement la réclusion criminelle à perpétuité. Or, je voyais mal quelle circonstance atténuante le parquet général pouvait bien lui trouver.

– Pouvons-nous prendre un instant la parole ? demanda alors, depuis l'autre côté du prétoire, Me François Serres.

Le président Wacogne, visiblement mal à l'aise, répondit :

– Vous savez bien que lors d'un procès par contumace, la défense n'a en principe pas la parole. Cependant, par courtoisie à l'endroit de votre confrère qui a fait le déplacement depuis Berlin, je veux bien vous la céder à condition que vous soyez brefs.

Me Schomburg se leva le premier pour résumer les conclusions qu'il avait, en début d'audience, déposées sur le bureau du président.

– Vous n'ignorez pas que je n'ai pas le droit d'en tenir compte, lui répondit Didier Wacogne.

L'air hautain, Friedrich Catoir se leva ensuite pour exprimer le point de vue officiel de l'Allemagne.

– Nous considérons qu'une condamnation, quelle qu'elle soit, irait à l'encontre du principe de l'autorité de la chose jugée. Comme vous le savez, en effet, la justice allemande a enquêté à plusieurs reprises sur la mort de Kalinka Bamberski et aucun élément n'a permis de mettre en cause M. Dieter Krombach. Par ailleurs, je me dois de vous faire observer qu'une décision de ce type serait contraire aux droits de l'homme dans la mesure où l'accusé n'a pas eu la possibilité de se défendre à cette audience. M. Krombach, indéniablement, avait le droit de ne pas se présenter devant votre juridiction. Il aurait dû pouvoir y être pleinement représenté par ses avocats...

Durant une bonne dizaine de minutes, le diplomate tenta ainsi d'intimider les magistrats sous le regard exaspéré de François Gibault, puis la cour se retira. Informé que les délibérés ne représentent, lors des procès par contumace, qu'une brève formalité, je sortis un instant dans le hall où j'échangeai quelques mots avec mon avocat. Au bout d'un quart d'heure, nous allâmes nous rasseoir et la cour, presque aussitôt, fit son retour dans la salle d'audience.

– La cour d'assises de Paris, troisième section, a rendu le 9 mars 1995 l'arrêt suivant, lut le président Wacogne.

Comme étourdi par l'importance de l'instant, j'écoutai sans vraiment les comprendre la litanie des attendus jusqu'à ce que le magistrat, après de longues minutes, aborde les ultimes paragraphes de l'arrêt.

– Attendu que des pièces de la procédure, il résulte la preuve que Dieter Krombach est coupable d'avoir, à Lindau, dans la nuit du 9 au 10 juillet 1982, volontairement exercé des violences sur la personne de Kalinka Bamberski, de nationalité française, lesdites violences ayant entraîné la mort sans intention de la donner...

Sans intention de la donner ? Tandis qu'au loin, la voix du président continuait de résonner, je vacillai sur mon banc. Devant moi, François Gibault n'avait pas bougé. Personne ne semblait relever...

– Faisant application desdits articles du code pénal, dont il a été donné lecture, la cour condamne Dieter Krombach à la peine de... quinze années de réclusion criminelle.

Outré par la clémence de ce verdict, j'interpellai Me Gibault dès que les magistrats se furent levés.

– Je ne comprends pas... Il était accusé d'homicide volontaire... Vous m'aviez pourtant dit qu'en contumace, il ne pouvait être condamné qu'à la peine maximale !

L'œil sombre, mon avocat se tourna lentement vers moi pour me livrer, d'une voix basse, une confidence qui demeure aujourd'hui encore gravée dans ma mémoire.

– Si difficile que cela puisse être, je pense que nous devons être satisfaits de cette décision. Compte tenu des pressions exceptionnelles qui ont été exercées dans ce dossier, on pouvait en effet craindre le pire. Je dois même vous avouer que j'ai redouté, pendant le délibéré, que Krombach ne soit finalement acquitté.

Je n'en crus pas mes oreilles. Hagard, je quittai le Palais de justice et pris la direction de l'aéroport, impatient de me réfugier chez moi pour retrouver Christiane. Sur le moment, je n'eus même pas la force de crier ma colère. Personne ne m'avait prévenu que l'affaire risquait de se conclure ainsi. Et voilà que treize années d'obstination venaient, sans explication aucune, d'être réduites à néant. Comment les magistrats de la cour d'assises, saisis d'un homicide volontaire, avaient-ils pu requalifier les faits en simples coups et blessures alors qu'aucun élément nouveau n'avait été mis au jour à l'audience ? Un tel verdict était-il seulement légal ? Et comment imaginer, sans être taxé de paranoïa, que l'autorité allemande ait pu étendre son influence jusque dans la salle de délibéré où statuait la cour d'assises ?

*
**

De retour à Toulouse, je pris conscience qu'il m'était interdit de laisser l'abattement m'envahir

– au risque de sombrer complètement. Avant toute chose, je devais tenter de comprendre ce qui venait de se passer. Quelques jours après le verdict, je trouvai donc la force de me plonger dans le code de procédure pénale, où j'appris qu'une cour d'assises jugeant par contumace pouvait bien, en théorie, requalifier les faits visés par l'acte d'accusation et même prononcer un acquittement. Rapidement, cependant, quelques visites à la bibliothèque de la faculté de droit me révélèrent qu'il n'existait, dans les annales judiciaires françaises, aucun précédent d'un tel verdict. C'est alors que la déception, imperceptiblement, céda la place à la révolte.

Quel motif pouvait donc expliquer que la cour d'assises de Paris, à l'heure de juger le meurtrier de ma fille, s'engage sur un terrain où la justice française ne s'était jamais aventurée ? Krombach avait-il, durant l'instruction, fait valoir quelque circonstance atténuante de nature à convaincre les magistrats qu'ils ne pouvaient, décidément, pas le condamner pour homicide volontaire ? À force de ressasser ces questions sans réponse, je finis par me remémorer les événements du 1er mars qui, soudain, m'apparurent sous un jour nouveau. Inexplicable alors, la présence des avocats de Krombach dans le bureau du président Wacogne visait-elle à solliciter sa mansuétude ? Quelque argument souterrain avait-il convaincu le magistrat de tordre le droit à l'heure de juger un crime pourtant abominable ? L'hypothèse, je dois le dire, me paraissait de moins en moins farfelue. La France, certes, était un État de droit et aucune raison ne pouvait justifier qu'elle en vînt à protéger un obscur spécialiste en médecine interne. Mais quelle autre explication donner à l'étrange indulgence de ses magistrats ?

L'œil désormais rivé sur le code pénal, j'entrepris de trouver une parade procédurale à l'injustice qui venait d'être faite à ma malheureuse Kalinka. Hélas, le droit français interdisait à l'époque d'interjeter appel d'un verdict de cour d'assises et je n'eus pas la présence d'esprit d'envisager un pourvoi en cassation. Au reste, celui-ci n'aurait vraisemblablement eu que fort peu de chances d'aboutir, comme la démonstration m'en fut bientôt apportée. Peu après la condamnation de Krombach, en effet, ses avocats saisirent la haute juridiction. Mais dès juin 1995, les magistrats tranchèrent, estimant qu'aucun recours ne pouvait être exercé contre une décision prise par contumace.

*
**

À défaut de pouvoir modifier le verdict, je résolus de le faire appliquer aussi rapidement que possible et m'aperçus bientôt que la partie ne serait pas facile. Dans un premier temps, j'entrepris d'obtenir l'*exequatur*[1], en Allemagne, de la condamnation civile prononcée contre Dieter Krombach. Indépendamment de la peine de réclusion criminelle imposée par la cour d'assises, le verdict prévoyait en effet que le coupable devait me verser deux cent cinquante mille francs de dommages et intérêts, ainsi que cent mille francs au titre des frais que j'avais engagés dans le cadre de la procédure. Ce n'était pas négligeable mais bien sûr pas le plus important : l'important, l'insupportable, était que Krombach demeurait libre et impuni, même condamné.

Je pris contact avec un avocat allemand qui me communiqua la liste des documents dont il avait besoin pour faire transcrire la décision française. Parmi eux, figuraient la copie des affiches qui avaient annoncé la tenue du procès par contumace sur les murs du Palais de justice et de l'Hôtel de Ville, ainsi que les annonces légales par lesquelles le verdict avait été rendu public. Ce n'était pas tout : outre la copie de l'arrêt, il me fallait produire les pièces attestant que le verdict avait bien été notifié dans les formes au condamné.

À l'automne 1995, je me rapprochai du greffe du parquet général afin d'obtenir la communica-

1. *Exequatur* : Mesure qui a pour effet de transcrire une décision judiciaire afin de la rendre applicable dans un autre pays.

tion de ces documents et me heurtai d'emblée à un silence gêné.

– Rappelez-nous plutôt après-demain, pris-je l'habitude de m'entendre dire. Le magistrat en charge du dossier n'a pas eu le temps de s'occuper de vous...

Choqué par cette attitude cavalière, je téléphonai presque quotidiennement mais le résultat de mon insistance ne fut pas, malheureusement, celui que j'escomptais. Au bout de quelques semaines, en effet, l'une des greffières, qui à la longue m'avait bien identifié, finit par craquer.

– Monsieur Bamberski, je vais vous dire la vérité ! explosa-t-elle. La condamnation de Dieter Krombach ne sera jamais notifiée parce que l'ordre de ne pas exécuter la condamnation nous a été donné en haut lieu.

Ainsi exposée, la situation avait au moins le mérite d'être claire. Scandalisé, je contactai Me François Gibault au début du printemps pour lui relater cet échange. Malgré sa longue expérience du fonctionnement de l'appareil judiciaire, il eut d'abord du mal à me croire et m'annonça qu'il allait demander une audience au procureur général Jean-François Burgelin pour en avoir le cœur net. Quelques jours plus tard, il revint vers moi et confirma les tristes aveux de la greffière.

– C'est à peine croyable ! Burgelin a bien reçu des consignes relatives à votre dossier et, visiblement, il n'a pas l'intention de les enfreindre. Faute d'alternative, je l'ai menacé d'alerter la presse s'il ne bougeait pas d'ici trois mois. Malheureusement, je ne suis pas certain que ça va suffire à le décider...

Le 23 février 1996, craignant que la situation ne s'enlise une fois de plus, j'adressai une longue lettre au président Jacques Chirac, dans laquelle je retraçai les principales étapes de l'affaire avant de solliciter son intervention personnelle.

« Monsieur le Président,

[...] Pour que la France ne soit pas davantage ridiculisée par l'Allemagne, je vous demande d'ordonner aux ministres de la Justice et des Affaires étrangères, au besoin en prenant des mesures coercitives communes contre l'Allemagne, de requérir l'extradition du docteur Krombach – je suis sûr que cela est possible dans le cadre des dispositions de la Convention européenne correspondante –, et de lancer un mandat d'arrêt international en le diffusant partout et surtout à tous les postes-frontières des divers pays entourant l'Allemagne.

J'espère que les termes encore volontairement trop souples de la présente lettre aboutiront à des poursuites concrètes pour mettre fin à ce scandale politique car, après cette lutte judiciaire de près de quatorze ans, il ne m'est plus possible de tolérer un résultat nul dans des circonstances aussi abominables.

Dans cette attente et avec mes remerciements, je vous prie d'agréer, Monsieur le Président de la République, l'expression de ma considération distinguée. »

*
**

La première évolution favorable se produisit au cœur de l'été 1996, grâce à un article publié par *Le Figaro*. Fin juillet, le délai accordé par mon avocat à Jean-François Burgelin était arrivé à expiration sans qu'aucun signal encourageant ne nous ait été adressé. Exaspéré, François Gibault décrocha alors son téléphone pour joindre le journaliste Jean-Alphonse Richard, avec lequel il avait déjà travaillé. Il lui exposa l'affaire, demanda ce qu'il en pensait. Intéressé, son interlocuteur prit le temps de se renseigner et publia dans *Le Figaro*, le 30 juillet 1996, un long article intitulé : « Crime sans châtiment ». En haut de la page sept du journal, il débutait par une simple question. « Pourquoi la justice française protège-t-elle un homme condamné pour le meurtre d'une enfant de quinze ans ? » Acide, le journaliste relevait ensuite : « Fait jamais vu en matière d'homicide, le parquet général de Paris n'a jamais demandé l'exécution de la peine ni émis de mandat d'arrêt international. » Puis il donnait la parole à un haut magistrat qui, sous couvert de l'anonymat, lui avait confié que cette passivité s'expliquait par la « crainte d'un incident diplomatique » !

Le 30 juillet au matin, je venais d'achever la lecture de cet article lorsque le téléphone sonna dans la maison de Pechbusque. À l'autre bout du fil, Jean-Alphonse Richard tenait à m'apprendre personnellement la bonne nouvelle.

– La Chancellerie vient de se décider à faire diffuser le mandat d'arrêt international !

Sceptique, je ne me mis à y croire que lorsque, en ouvrant *Le Figaro* du lendemain, je tombai sur un bref article qui semblait ne guère laisser place au doute : « Le parquet général de Paris devrait délivrer, dans les jours qui viennent, un mandat d'arrêt international à l'encontre du médecin allemand Dieter Krombach, a-t-on appris hier de source sûre. Ce dernier avait été condamné en 1995 par la cour d'assises de Paris, par contumace, à quinze années de réclusion criminelle. Il avait été reconnu coupable de la mort de sa belle-fille, Kalinka Bamberski, quinze ans... »

Dans la foulée, plusieurs médias cherchèrent à me contacter. Et quelques jours plus tard, je reçus une belle lettre de la Chancellerie par laquelle on m'annonçait que toutes les mesures allaient être mises en œuvre pour assurer l'« exécution totale de la condamnation » de Krombach. Me Gibault, quant à lui, s'était vu adresser un courrier dans lequel le procureur général Jean-François Burgelin affirmait avoir pris ses dispositions pour faire diffuser au plus vite le mandat d'arrêt international. Dire que j'avais si longtemps hésité à saisir la presse de mes difficultés ! Et voici qu'un article publié dans un quotidien national suffisait à débloquer une procédure paralysée depuis plusieurs mois...

Ce rebondissement, hélas, était sans doute trop beau. Lorsque, à l'automne 1996, je repris contact avec mon avocat allemand pour tenter de faire aboutir la demande d'*exequatur*, j'appris que Krombach persistait à déclarer que sa condamnation ne lui avait toujours pas été signifiée. Logiquement, la notification aurait pourtant dû lui être adressée par l'intermédiaire des parquets de Paris et de Kempten. Pour couronner le tout, on m'indiqua que le condamné n'habitait plus à l'adresse qui était jusqu'alors la sienne dans la région de Lindau. De là à imaginer qu'il ait décidé de déménager pour se soustraire à la justice française, il n'y avait qu'un pas et il me paraissait aisément franchissable.

Peu de temps après, j'appris en outre lors d'un séjour à Casablanca que, malgré les promesses réitérées de l'administration française, le mandat d'arrêt international n'avait pas été transmis au Maroc. En soi, ce n'était évidemment pas un drame dans la mesure où il était peu probable que Krombach vienne chercher refuge dans ce pays. Cependant, le coin de vérité que me dévoilèrent les fonctionnaires de la police marocaine des frontières éveilla mes soupçons sur le respect des engagements pris par la Chancellerie.

Sitôt rentré en France, je rappelai le Bureau d'entraide pénale internationale, où j'appris que le mandat d'arrêt, destiné en principe aux cent quatre-vingt-sept pays membres d'Interpol, avait été diffusé exclusivement... en Belgique, au Luxembourg, aux Pays-Bas, au Portugal et en Espagne. Autrement dit, on avait soigneusement évité de s'adresser à l'Allemagne, ainsi qu'à l'Autriche et à la Suisse. Quelques semaines auparavant, j'avais pourtant pris la peine d'écrire au garde des Sceaux, Jacques Toubon, ainsi qu'au ministre des Affaires étrangères, pour leur indiquer que Krombach se rendait plusieurs fois par semaine dans chacun de ces deux pays riverains du lac de Constance. Lorsqu'ils vivaient avec leur mère, Kalinka et Nicolas m'avaient en effet maintes fois raconté qu'ils allaient indifféremment faire des courses à Lindau, Bregenz (Autriche) ou Saint-Margrethen (Suisse). De plus, ils partaient régulièrement skier dans les stations autrichiennes, sensiblement plus accessibles depuis le domicile familial que les pistes allemandes. En alertant Berne et Vienne, il était donc à peu près certain que la France finirait, tôt ou tard, par obtenir l'interpellation du condamné à un poste-frontière. Mais cela n'avait pas été fait.

Fin 1996, bien décidé à ne pas lâcher, je m'envolai pour Zurich et pris la route du lac de Constance où, méthodiquement, je passai une semaine à visiter chacun des postes-frontières qui séparent les trois pays. L'accueil que me réservèrent les douaniers, gendarmes ou policiers qui tenaient ces points de surveillance fut très variable. Certains me prièrent de sortir de leur bureau sans même avoir eu la patience d'écouter mon récit. D'autres, au contraire, semblèrent touchés par mon combat et acceptèrent de me confirmer qu'ils n'avaient jamais reçu le mandat d'arrêt visant Dieter Krombach. Quelques-uns m'offrirent spontanément leur aide. À ceux-là, je remis un résumé traduit en allemand des nombreuses péripéties qui avaient émaillé l'enquête sur la mort de mon enfant, ainsi qu'un jeu de photos représentant le meurtrier de Kalinka. Avant de leur faire mes adieux, je leur confiai aussi mes coordonnées téléphoniques, en les priant de me tenir au courant si jamais ils repéraient cet homme.

À mon retour, je confirmai à François Gibault qu'aucune mesure n'avait été prise, ni en Autriche, ni en Suisse, pour faire arrêter Krombach. Trop impétueux pour se résigner, mon avocat demanda un entretien au nouveau procureur général de Paris, Alexandre Benmakhlouf, qui avait de très bonnes raisons de connaître mon dossier : avant d'être nommé à cette fonction, ce haut magistrat avait officié en qualité de directeur de cabinet du ministre de la Justice, Jacques Toubon. Sans s'engager, il promit à mon avocat de se renseigner sur l'avancée de ce dossier puis il le congédia poliment, avant de s'en retourner à ses affaires.

À mes yeux, il devenait de plus en plus évident que la haute magistrature française avait décidé de ne pas atteindre Krombach coûte que coûte. La gueulante que François Gibault poussa, lorsqu'il constata que son interlocuteur n'avait rien entrepris au bout de quelques semaines, n'eut d'ailleurs aucun effet immédiat. Tandis que le meurtrier de ma fille formait le plus tranquillement du monde un recours devant la Cour européenne des droits de l'homme pour tenter de faire casser le verdict de la cour d'assises de Paris, il me fallut attendre la fin de l'année 1997 pour être informé que le mandat d'arrêt à son encontre allait enfin être étendu à l'ensemble du continent européen.

Épuisé, je me sentais, pour la première fois, sur le point de flancher. Une telle lutte valait-elle bien la peine d'être menée pour n'être récompensée, après toutes ces années, que par un si maigre résultat ? Jamais, j'en étais convaincu depuis longtemps, l'Allemagne n'extraderait un ressortissant qu'elle s'évertuait de façon évidente à protéger contre vents et marées. Fallait-il, dès lors, espérer que Krombach trébucherait lors d'un séjour dans un pays voisin ? Bien que cela me mît en rage, je devais convenir que rien n'était moins sûr.

## – 6 –

Seul un spectaculaire coup de théâtre m'empêcha alors de perdre courage. Sans ce rebondissement improbable, peut-être aurais-je fini par renoncer, épuisé d'avoir dépensé tant d'énergie dans une lutte décidément stérile. Depuis quinze ans, je ne m'étais accordé aucun repos, partageant tout mon temps entre le suivi de l'enquête sur la mort de Kalinka et mon activité professionnelle. Incapable de détourner mon attention de la promesse que j'avais faite sur la tombe de ma fille, j'avais consacré mes vacances, mes week-ends, mes soirées à des démarches incessantes. Sans jamais baisser la garde, j'avais imposé à mon entourage la présence permanente de cette idée fixe. Par miracle, Christiane, extraordinairement compréhensive, m'avait soutenu infailliblement malgré mes coups de sang à répétition, mes bouffées d'angoisse, mes absences répétées...

Le peu de temps que j'avais pu ménager pour ma vie personnelle, je l'avais consacré à Nicolas. Mon fils, terriblement marqué par la mort de sa sœur, eut en effet grand besoin de me sentir à ses côtés durant les mois qui suivirent son installation à Toulouse. Malgré de multiples contraintes, je m'étais donc appliqué à l'accompagner dans ses loisirs et au long de ses vacances. Chaque soir, chaque weekend, je prenais également soin de corriger ses devoirs. Arrivé à l'âge de vingt-deux ans, alors qu'il s'apprêtait à quitter la maison, il m'avait adressé d'ailleurs le plus beau des compliments en me disant : « Papa, heureusement que durant toutes ces années, tu m'as forcé à travailler. Sans toi, je n'aurais jamais réussi à faire quelque chose de ma vie. » Tant qu'il avait été enfant, je m'étais appliqué à le préserver des innombrables démarches que j'entreprenais pour faire juger Krombach. Peu à peu, il avait donc pu prendre pied dans sa nouvelle vie. Il s'était fait des amis, avait abandonné les écarts de langage et de comportement qui m'avaient inquiété du temps qu'il vivait en Allemagne... Âgé de vingt-six ans, il volait désormais de ses propres ailes mais demeurait très proche de moi, attentif à mon combat bien que peu désireux de s'y impliquer personnellement.

Depuis le 10 juillet 1982, je n'avais pas fait une seule nuit complète sans être réveillé, souvent à plusieurs reprises, par des cauchemars récurrents.

Parce que j'avais cessé toute activité physique, ma santé s'était progressivement dégradée. Lorsque, parfois, je me retournais sur le temps passé, je constatais non sans une certaine tristesse que je n'avais pas ouvert un roman depuis ce sinistre matin où la sonnerie du téléphone m'avait annoncé la mort de mon enfant.

À mesure que les années défilaient, il m'était fréquemment arrivé d'être frappé de découragement lorsque la fatigue, décidément, se faisait trop forte. Souvent, aussi, des parents et de proches amis avaient un instant ébranlé ma détermination en tentant, affectueusement, de me ramener à la vie.

– Tu ne vas pas passer toute ton existence à batailler contre des moulins que rien ne peut abattre, grondait ainsi mon père, chagriné de me voir m'étioler peu à peu.

Comme lui, désormais, je finissais par juger mes efforts inutiles.

– Après tout ce que tu as tenté, tu mérites bien de goûter enfin un peu de repos, me disait-on pour me faire entendre raison.

Et d'ajouter :

– Kalinka, nous en sommes tous certains, ne pourra pas t'en vouloir...

*
**

Le coup de pouce du destin si longtemps espéré se manifesta finalement un jour de mars 1997, alors que je ne l'attendais plus. Ce matin-là, j'avais d'abord décroché le téléphone sans conviction. À l'autre bout du fil, mon interlocutrice s'exprimait avec un léger accent allemand.

– Je m'appelle Hildegard Nagler et je suis journaliste au *Lindauer Zeitung*. Pourrais-je parler à M. Bamberski ?

– C'est moi...

– Ah ! Bonjour monsieur. Je vous appelle pour vous informer que Dieter Krombach vient d'être arrêté pour le viol d'une jeune femme dans son cabinet médical. Il a reconnu les faits et a été placé en détention.

– ...

Sur l'instant, je suis resté sans voix. Depuis plusieurs années, j'avais écrit et téléphoné à de multiples reprises à la rédaction du *Lindauer Zeitung*, de même qu'à de nombreux autres journaux allemands, pour tenter d'intéresser un journaliste à la condamnation de Dieter Krombach. Hélas, mes correspondants n'avaient semblé montrer aucune curiosité pour le meurtre de Kalinka, si bien que j'avais fini par croire que les médias, comme l'institution judiciaire, s'étaient donné le mot pour couvrir le coupable.

– Vous vous trompez, m'assura Hildegard Nagler quand je lui fis part de mes réflexions. Je connais votre dossier et je vous assure que nous avons bien l'intention de dévoiler les ratés de l'enquête sur la mort de votre fille dans notre journal. C'est d'ailleurs pour cette raison que je vous appelle aujourd'hui.

L'annonce de l'incarcération de Krombach produisit sur moi un effet électrisant. Depuis près de quinze ans, je soutenais sans en avoir la preuve que l'homme qui avait tué ma fille était sexuellement dangereux. Or, pour la première fois, un fait tangible venait étayer mes soupçons. À ceux qui m'assuraient que le médecin allemand n'avait aucun mobile pour avoir tué ma fille, je pourrais désormais rétorquer que son attirance pour les adolescentes était très certainement à l'origine du drame qui s'était noué à Lindau, dans la nuit du 9 au 10 juillet 1982.

Intrigué, je demandai à mon interlocutrice de me préciser les circonstances dans lesquelles Krombach était passé à l'acte. Elle m'expliqua qu'il s'était attaqué à une patiente de seize ans à peine après l'avoir anesthésiée pour pratiquer un examen à son cabinet. D'après ce que savait Hildegard Nagler, le crime était vraisemblablement prémédité dans la mesure où il avait attendu que sa secrétaire médicale sorte déjeuner pour déshabiller sa jeune proie, à peine réveillée, avant de la violer. Incapable de se défendre, elle avait dû supporter ses assauts. Sitôt rentrée chez elle, cependant, elle avait prévenu ses parents qui, sans attendre, avaient alerté la police. Arrêté sur-le-champ, Krombach avait été confondu par plusieurs éléments matériels, si bien qu'il avait été contraint de reconnaître les faits.

Sur le moment, je n'accordai qu'une médiocre importance à l'issue de la procédure instruite en Allemagne. Échaudé par mon expérience de la justice bavaroise, j'étais en effet convaincu que Krombach s'en tirerait sans trop de mal grâce aux protections dont, une fois de plus, il ne manquerait pas de bénéficier. En fait, l'enquête de la police locale m'intéressait principalement dans la mesure où elle allait enfin me permettre de montrer aux autorités françaises la dangerosité de l'homme que, jusqu'à présent, elles avaient laissé courir par crainte de déplaire à Berlin.

Cependant, en septembre 1997, j'eus la surprise de recevoir un nouveau coup de fil d'Hildegard Nagler. Cette fois, la journaliste m'apprit que l'instruction conduite à Kempten venait de s'achever et que le procès de Krombach se tiendrait début octobre. Elle me révéla aussi que plusieurs femmes, informées de son arrestation par la presse, s'étaient récemment manifestées auprès des services de police en affirmant avoir été agressées par le meurtrier de ma fille. Malgré l'invraisemblable faveur dont il avait jusqu'alors bénéficié, son horizon semblait donc enfin s'assombrir.

*
**

Mon interprète Roland Berry et moi-même arrivâmes à Kempten le 8 octobre 1997, veille de l'ouverture du procès de Dieter Krombach. Au moment d'entreprendre ce voyage, la crainte de possibles ennuis avec la justice allemande m'avait un instant fait hésiter. Je restais, après tout, visé par la condamnation à six mois de prison et trois cent cinquante mille deutsche Mark qui avait été prononcée contre moi, fin 1983, par le tribunal de Kempten. Cependant, quatorze ans après mon arrestation à Lindau, j'espérais pouvoir compter sur l'oubli de la police locale. En outre, je n'aurais manqué pour rien au monde la comparution du meurtrier de ma fille.

Sitôt informé de la date à laquelle l'audience devait se tenir, j'avais donc pris mes dispositions pour pouvoir y assister de bout en bout. Dans le même temps, j'avais repris contact avec mon avocat allemand en lui demandant d'entreprendre toutes les démarches nécessaires pour que le tribunal saisi de cette affaire de violence sexuelle puisse, lors de la même audience, se pencher sur les circonstances dans lesquelles Kalinka avait trouvé la mort. Bien sûr, j'étais conscient que ma tentative avait fort peu de chances d'aboutir. Ma demande avait d'ailleurs d'emblée été jugée irrecevable. Pour autant, j'étais bien décidé à utiliser ce procès comme une tribune retentissante afin de faire parler, au moins dans les médias allemands, du meurtre de ma fille.

Début octobre, alors que je peaufinais les préparatifs de mon déplacement, je reçus un courrier par lequel le ministère des Affaires étrangères m'informait qu'un avocat allemand, Me Peter Klima, serait dépêché à l'audience avec la mission d'en dresser un compte rendu destiné aux autorités judiciaires françaises. Aussitôt, je demandai à mon interprète de contacter cet avocat pour l'informer de mon arrivée prochaine. Curieusement, celui-ci se montra plutôt distant lors de leur échange téléphonique. À la veille de mon départ, il m'adressa en outre une lettre dans laquelle il m'invitait poliment à me désintéresser de l'audience à venir.

> « Il me semble utile de vous rappeler mon rôle dans cette affaire, m'indiquait-il en guise d'introduction. Le consulat général de France à Munich, dont je suis le conseil habituel, m'a demandé de suivre la procédure pénale engagée contre le docteur Krombach en tant qu'observateur, ce que je fais bien volontiers. Toutefois, vous devez savoir que cette nouvelle affaire ne concerne pas les faits qui ont entraîné la mort de votre fille. C'est pourquoi vous ne pouvez pas intervenir et je vous

déconseille de venir à l'audience, qui se déroulera probablement à huis clos. »

Le 9 octobre au matin, je me présentai tout de même à l'entrée du palais de justice de Kempten. Doté de belles proportions, l'édifice est situé en plein centre historique de la ville. Vers neuf heures, les portes du tribunal s'ouvrirent et nous pûmes pénétrer dans la vaste salle d'audience. Les bancs du public étaient installés sur une surface inclinée dont l'arrangement évoquait davantage un amphithéâtre qu'une arène judiciaire. Dans le prétoire, les bureaux du tribunal, du parquet et des greffiers étaient au contraire disposés sur un niveau plan. Au-dessus du fauteuil dévolu au président, à mi-hauteur du mur, trônait une statue du Christ.

Arrivés parmi les premiers, mon interprète et moi nous assîmes au deuxième rang tandis qu'une cinquantaine de spectateurs prenaient place tout autour de nous. Avant que le tribunal ne fasse son entrée, je remarquai que l'avocat appointé par le consulat général de France à Munich avait pris place juste devant moi. Non loin, je reconnus les enfants de Dieter Krombach. Sur les bancs de la défense, enfin, j'eus l'immense surprise de repérer l'un des collaborateurs de mon ancien avocat, Me Bossi. Quel toupet ! pensai-je alors, révolté par un tel manque de déontologie. Comment pouvait-il, après m'avoir assisté dans chacune des démarches que j'avais entreprises pour tenter de faire élucider la mort de Kalinka, assurer sans se gêner la défense de son meurtrier ?

Un éclair traversa la salle d'audience à l'instant précis où Dieter Krombach fit son entrée. Tétanisé sur mon banc, je découvris avec surprise les traits vieillis de cet homme dont je n'avais plus croisé le chemin depuis près de quinze ans. Le teint hâlé, il avait les mâchoires crispées et l'œil terne. Ses cheveux châtains, tirant sur le roux, étaient sagement coiffés selon une raie qu'il avait tracée sur le côté gauche de son crâne. Seule une mèche épaisse tombait négligemment sur le haut de son front. Ses fines lunettes dorées encadraient un regard hautain tandis qu'un costume sombre lui conférait une mise élégante.

Sitôt entré, il me repéra et darda vers moi un regard glacé. L'avait-on prévenu de ma présence à l'audience ? M'avait-il aussitôt reconnu, malgré le passage des ans ? Quoi qu'il en soit, il se mit immédiatement à hurler en pointant un doigt accusateur dans ma direction.

– Cet homme est dangereux ! Il est venu ici pour me tuer ! Arrêtez-le !

Aussitôt, un brouhaha s'éleva dans la salle tandis que la dizaine de policiers qui stationnaient à l'extérieur du prétoire entraient au pas de charge. Sur un coup d'œil du président, ils prirent position autour de moi, m'entraînèrent dans un coin et se mirent à me fouiller au corps. Leur irruption avait provoqué un esclandre affolé. À l'autre bout de la pièce, Krombach continuait de vitupérer. Roland Berry, qui n'en revenait pas, fut également contraint de se soumettre à une fouille en règle. Mon cartable fut minutieusement examiné. Enfin, lorsque le calme fut revenu sur notre petit groupe, nous fûmes autorisés à nous rasseoir pour assister à l'ouverture du procès – cette fois sous bonne garde.

Comme le magistrat qui présidait le tribunal déclarait l'audience ouverte, l'avocat allemand qui avait pris place devant moi se retourna et me glissa, agacé :

– Je vous avais pourtant bien dit qu'il était préférable que vous ne veniez pas...

Avant d'entrer dans le vif des débats, le tribunal présenta les faits qui valaient à Dieter Krombach de comparaître pour « abus sexuel de personne privée de résistance ». Collé contre moi, Roland Berry me chuchotait une traduction instantanée qui me permit de comprendre l'essentiel du propos.

– Le 11 février 1997, vers huit heures du matin, l'élève Laura Stehle, qui était âgée de seize ans et souffrait alors de problèmes d'estomac, s'est rendue au cabinet de l'accusé, qui travaille comme médecin spécialisé dans le traitement des maladies internes, à Lindau, 23 Bregenzerstrasse...

De l'instruction il était ressorti que Krombach, consulté une première fois peu auparavant, avait proposé à l'adolescente de lui faire subir un examen endoscopique de l'estomac. Le jour des faits, après avoir patienté environ une heure et demie dans la salle d'attente, la jeune Laura avait été introduite dans une salle de consultation où le médecin lui avait administré une piqûre d'atropine, immédiatement suivie d'une injection de quinze milligrammes de Dormicum et de dix milligrammes de Valium.

– Après que Mlle Stehle se fut endormie à cause de ces injections, l'endoscopie de l'estomac a été faite dans les règles de l'art médical et s'est achevée vers dix heures, poursuivit le magistrat. Vers onze heures et demie, la patiente a été réveillée par l'assistante mais elle était encore tout à fait apathique, si bien que l'accusé et l'assistante l'ont laissée dormir sur la table d'auscultation. Vers midi et quart, l'assistante quittait la consultation. À ce moment-là, Mlle Stehle était déjà un peu plus réveillée mais elle pouvait à peine parler...

Un silence glacial s'était abattu sur la salle d'audience à mesure que l'acte d'accusation dépeignait la façon dont les griffes acérées de Dieter Krombach s'étaient refermées sur sa fragile proie.

– En voyant sa malade allongée, l'accusé s'est

décidé à profiter de son état de somnolence pour avoir un rapport sexuel avec elle. Il l'a d'abord embrassée profondément et lui a caressé les seins. Mlle Stehle, qui commençait à se rendre compte des actions de l'accusé, essaya de repousser ce dernier avec les mains, mais elle n'y parvint pas car elle était encore, à cause des médicaments, dans un état de grande faiblesse. Ensuite, l'accusé est allé fermer à clé la porte de son cabinet et a laissé la clé à l'intérieur. Il est revenu dans la salle de consultation. Il a enlevé son pantalon, avant d'enlever le pantalon et le slip de Mlle Stehle. Il l'a embrassée de nouveau et a commencé à lui lécher le vagin. Il s'est allongé sur Laura Stehle et a introduit son membre dans le vagin de sa patiente. Puis il a exécuté l'acte sexuel jusqu'à l'éjaculation.

Immobile sur son banc, Krombach avait écouté cette longue évocation sans exprimer la moindre émotion. Son visage ne trahissait ni honte ni regret. À bien le regarder, on pouvait même avoir l'impression qu'il assistait à l'audience en simple spectateur, comme étranger aux actes qui lui étaient pourtant reprochés.

Le président ayant achevé sa présentation des faits, Laura Stehle fut invitée à prendre place à la barre des témoins. C'était une grande et belle jeune fille aux longs cheveux châtains, qui s'exprimait d'une voix fluette. D'emblée, elle me fit l'impression d'éprouver une immense souffrance au rappel des violences qu'elle avait subies huit mois plus tôt.

– J'étais venue pour un simple examen de l'estomac, se remémora-t-elle d'une voix étranglée. Je me rappelle que j'étais nerveuse à cette idée. C'est d'ailleurs pour cette raison que le docteur m'a proposé de m'endormir. Il m'a dit : « Tout ça n'est pas grave, je vais te faire une piqûre... »

Comme la jeune femme, prise de sanglots, peinait à trouver ses mots, le magistrat s'efforça de la guider par des questions précises jusqu'à l'évocation crue, effrayante, de la scène de viol.

– J'ignore combien de temps au juste j'ai passé endormie. Et puis, au bout d'un moment, j'ai entrouvert les yeux. Presque aussitôt, je me suis aperçue que j'étais paralysée, lucide mais incapable de bouger mes membres. Au-dessus de moi, le docteur était complètement nu... Il s'était allongé sur mon corps... Il me caressait et je ne pouvais rien faire. J'aurais voulu me débattre mais mon corps me désobéissait. Il me pénétrait, j'avais mal...

Avec douceur, le président interrompit la jeune femme.

– L'accusé vous a-t-il demandé si vous étiez d'accord pour avoir une relation sexuelle avec lui ?

– Non.

Il se tourna ensuite vers Krombach et l'interrogea du regard.

– Ce qu'elle dit est faux, tenta de corriger le médecin. La vérité, c'est que je lui ai demandé si elle était consentante, mais elle ne m'a rien répondu. J'ai attendu quelques instants, et puis j'ai pensé : « Qui ne dit mot consent. »

À la barre, la pauvre Laura semblait avoir du mal à se tenir debout, comme foudroyée par le son de cette voix maudite. Bouleversé, j'imaginais soudain la terreur avec laquelle cette enfant innocente, figée par l'action des médicaments, avait dû contempler le masque froid de son agresseur. Lui avait-il parlé ? Qu'avait-elle lu dans ses yeux ? Trop de questions tournoyaient dans ma tête tandis que l'adolescente rassemblait ses forces pour affronter l'accusé.

Ébloui par son courage, je réalisai alors que Laura, frêle enfant malmenée par les secrets désirs de Dieter Krombach, était en train de me dévoiler ce que ma petite fille avait dû subir, alors qu'elle avait presque le même âge, quinze années plus tôt. À mesure qu'elle livrait son témoignage devant l'assistance pétrifiée, je voyais les traits de Kalinka se superposer aux siens. Ses mots, ses silences, ses larmes révélaient ceux de mon enfant chérie. Après une si longue attente, voici que ce face-à-face glacé entre l'enfant et son bourreau laissait enfin apparaître les images de la scène immonde qui avait dû se jouer dans une maison de Lindau, cette terrible nuit de juillet 1982.

Je la voyais maintenant, ma Kalinka, ravissante et désarmée, soumise à l'effrayante volonté de son beau-père. Je lisais la terreur dans son regard. Ses lèvres murmuraient des appels au secours qui ne sortaient pas. Dans la vaste maison, un silence de mort noyait les timides efforts qu'elle esquissait pour se débattre. Était-elle déjà engourdie par l'action des médicaments injectés par Krombach ? La peur suffisait-elle à la paralyser ? Dans la vaste salle d'audience du tribunal de Kempten, Laura Stehle venait de conclure son témoignage mais les traits de Kalinka, déformés par l'angoisse, ne me quittaient pas. Au loin, la voix du président résonna.

– Monsieur Krombach, s'il vous plaît, veuillez vous lever.

Bref, sec, clinique, Dieter Krombach retraça à son tour le déroulement de l'agression qu'il avait imposée à la jeune femme. Dès ses premiers mots, je fus surpris de constater qu'il reconnaissait sans difficulté la quasi-totalité des faits qui lui étaient reprochés. Oui, admit-il, il avait attendu le départ de sa secrétaire médicale, en toute fin de matinée, pour passer à l'acte. Oui, il avait observé que la jeune femme était encore trop affaiblie pour se défendre. Oui, il l'avait déshabillée. Oui, il l'avait pénétrée. Une fois l'acte achevé, il avait pris le soin de nettoyer son sexe et celui de sa victime avec du papier, puis il s'était rhabillé. Il avait aussi aidé Laura à remettre ses vêtements. Enfin, il l'avait raccompagnée en voiture jusqu'à son domicile.

– Lors des examens qui ont été pratiqués à la demande de la police criminelle, des traces de sperme ont été prélevées sur l'appareil génital de la victime, précisa le président. Or des analyses génétiques ont démontré qu'il s'agissait de votre semence...

Là encore, Krombach se contenta de déclarations minimales. Et curieusement, il ne fut questionné ni sur ses motivations, ni sur ce qu'il avait ressenti durant ce viol – un peu comme si le tribunal avait à cœur de ne pas l'enfoncer...

Lors de l'interruption de séance qui suivit cet interrogatoire, j'observai avec étonnement que les avocats de Krombach avaient une longue conversation en aparté avec le représentant du ministère public, le procureur Probst, mais aussi avec le président Strasser et ses deux assesseurs. Constatant mon incompréhension, le conseil du consulat général de France se pencha vers moi pour m'expliquer cette étrange scène.

– Vous devez savoir que la procédure allemande diffère beaucoup de son équivalent en France. Ici, un procès donne lieu à des négociations permanentes entre les parties et le tribunal. En l'espèce, il est évident que Krombach a accepté de plaider coupable en espérant que les magistrats en tiendront compte au moment de rendre leur décision. C'est pour cela que ses avocats vont régulièrement discuter avec le parquet. D'expérience, je peux d'ailleurs vous dire sans crainte de me tromper qu'il échappera presque à coup sûr à la prison ferme.

Sur le moment, j'eus du mal à y croire. Renvoyé devant le tribunal pour des violences sexuelles sur mineur, il aurait encouru devant une juridiction française une peine d'une extrême sévérité. Compte tenu des aveux qu'il venait de livrer, il me paraissait donc difficilement concevable qu'il puisse tranquillement rentrer chez lui à la fin de la journée...

*
**

Le tribunal se retira pour délibérer en tout début d'après-midi. Durant l'interruption de séance, de nombreux journalistes tentèrent d'interroger Laura Stehle mais ses avocats s'interposèrent pour la protéger. Curieusement, malgré toute l'émotion que son témoignage avait soulevée en moi, je n'éprouvais pas vraiment l'envie d'aller lui parler. Elle avait certainement plus que tout besoin de silence et de tranquillité après les instants qu'elle venait de vivre. Au reste, ma compassion serait certainement impuissante à soulager son immense détresse.

Les magistrats firent leur retour dans la salle d'audience vers quinze heures. Krombach, qui venait de discuter longuement avec ses avocats, semblait de plus en plus serein. Il ne pouvait cependant ignorer qu'il risquait gros, encourant une peine maximale de dix années d'emprisonnement...

Sitôt assis, le président se mit à lire le texte de la décision, qui fut d'abord accueilli par un silence de plomb.

– La première chambre pénale du tribunal de grande instance de Kempten a décidé ce qui suit. L'accusé est condamné pour abus sexuel d'une personne sans résistance à une peine de deux ans d'emprisonnement.

Un grondement incrédule monta des bancs du public. Puis le magistrat ajouta :

– Cette peine a été assortie d'un sursis.

Afin d'expliciter cette condamnation, il récapitula les faits qui pouvaient être retenus contre Dieter Krombach, puis détailla le préjudice subi par sa jeune victime.

– Lorsqu'elle est revenue à elle, Mlle Stehle était terriblement choquée. Pendant au moins deux mois, son comportement a été profondément troublé. Encore aujourd'hui, elle a peur de se rendre seule chez un médecin pour se faire soigner. S'il est vraiment nécessaire d'y aller, elle doit se faire accompagner par quelqu'un en qui elle a confiance...

Puis, en des termes qui me sont aujourd'hui

encore incompréhensibles, le président exposa l'étrange raisonnement qui avait conduit le tribunal à prononcer une peine si légère.

– ... En application des articles 179-I et 179-II du code pénal, il fallait donc condamner l'accusé pour abus sexuel d'une personne sans résistance. Le quantum de la peine prévu par ces articles se situe entre un et dix ans de prison. En tenant compte de toutes les circonstances en faveur et en défaveur de l'accusé, notamment des aveux complets livrés au cours de l'audience, ainsi que du fait que l'accusé a restitué aux autorités gouvernementales son agrément professionnel, le tribunal a considéré qu'avec une peine de deux années d'emprisonnement, il prononcerait une sanction correspondant aux circonstances... En application de l'article 56-II du code pénal, on pouvait en outre considérer que la peine d'emprisonnement devait être assortie de sursis, ce que le tribunal a fait en tenant compte du fait accompli et de la personnalité de l'accusé.

Le magistrat reprit sa respiration et enfin, en des termes tout aussi abscons que ceux utilisés jusqu'alors, il acheva la lecture du jugement.

– ... Il fallait en plus ordonner contre l'accusé une interdiction d'exercer pour une durée de deux ans. Pendant ce temps, l'accusé ne peut plus exercer sa profession de médecin. En effet, il a démontré par ses agissements qu'il existe un risque pour qu'il reproduise les mêmes faits dans le cadre de son activité professionnelle. Vu son âge, son état de santé actuel et le fait qu'il a déjà rendu volontairement son agrément, le tribunal estime cependant que le délai de deux ans est suffisant pour garantir que l'accusé ne commettra pas, à l'avenir, des faits semblables à ceux qui lui ont valu de comparaître devant cette juridiction.

Un brouhaha furieux monta de la salle d'audience aussitôt que le tribunal se fut retiré. En regardant autour de moi, je m'aperçus que de nombreuses femmes avaient pris place sur les bancs du public. Toutes semblaient profondément déçues par la mansuétude des juges. Mon interprète tendit l'oreille, puis m'expliqua qu'elles étaient révoltées d'apprendre que Krombach, après avoir purgé deux mois seulement de détention provisoire, s'apprêtait à ressortir libre du palais de justice.

Étrangement, je ne fus pour ma part guère surpris par cette décision. Même dans les prétoires, on ménageait singulièrement Krombach. Les anges gardiens des ambassades étaient présents. J'ignorais ce que cela signifiait mais je ne pouvais m'empêcher de me poser des questions...

En revanche, je profitai de l'effervescence générale pour aller régler mes comptes avec l'avocat qui, après avoir défendu mes intérêts une décennie plus tôt, venait de batailler pour obtenir la liberté de

Krombach. Sous prétexte d'aller faire le signe de croix aux pieds de l'effigie du Christ, je fus autorisé par les policiers chargés de ma surveillance à gagner le prétoire. Arrivé au niveau des bancs de la défense, je me tournai alors vers Me Ufer et lui assenai d'une voix forte :

– Monsieur, vous êtes un traître !

Surpris, il pâlit brusquement.

– Vous savez, je me souviens très bien de vous... Et je trouve que votre comportement est déontologiquement inqualifiable. Vous défendez Krombach alors que vous avez été mon avocat contre lui à de multiples reprises dans les années quatre-vingt. Vous devriez avoir honte !

Ses confrères, qui ne comprenaient manifestement pas un mot de français, semblèrent stupéfaits de le voir ainsi interpellé. Sans le saluer, je tournai les talons et quittai la salle.

À l'extérieur, plusieurs groupes de femmes déversaient leur colère devant les nombreuses caméras qui s'étaient massées dans les couloirs du tribunal. Étonné, mon traducteur interrogea un journaliste de la presse locale, qui décrypta la scène pour nous.

– Ces dames sont venues de Lindau pour assister au procès... Vous savez, l'opinion publique, là-bas, a été très choquée par le comportement de Dieter Krombach. Lorsque les journaux en ont parlé, plusieurs femmes se sont d'ailleurs présentées auprès de la police pour dire qu'elles aussi avaient été maltraitées par ce médecin. Bizarrement, la justice a estimé que leurs plaintes n'étaient pas recevables mais leur colère n'est pas retombée. Je viens d'ailleurs d'entendre qu'une manifestation aura lieu ce soir à Lindau pour protester contre la clémence du jugement.

Décidément, le vent de l'opinion allemande, qui avait jusqu'alors nettement soufflé en faveur du meurtrier de Kalinka, était en train de tourner. En regardant autour de moi, je fus frappé par le nombre de médias venus relater les agissements d'un criminel que je m'efforçais, en vain, de dénoncer publiquement depuis plusieurs années. En fin d'après-midi, une équipe de télévision vint m'interviewer dans ma chambre d'hôtel à propos du meurtre de Kalinka, et mon témoignage fut diffusé le soir même dans une émission diffusée sur la chaîne RTL Munich. Le lendemain matin, enfin, je découvris que le récit du procès avait suscité, dans les journaux locaux, un courrier des lecteurs à la fois abondant et massivement hostile à Dieter Krombach.

*
**

Le 10 octobre 1997, Roland Berry et moi-même prîmes la direction de Bregenz. En préparant mon déplacement à Kempten, j'avais en effet décidé de faire un détour par l'Autriche avant de rentrer à Toulouse. Je ne pouvais manquer cette occasion de repasser aux divers postes-frontières que j'avais déjà visités l'année précédente.

Après nous être cassé le nez à différents points de contrôle où toutes sortes de fonctionnaires nous écoutèrent poliment avant de nous donner congé, nous fûmes orientés vers les bureaux de la direction régionale de la gendarmerie. Au guichet d'accueil, mon interprète ébaucha un bref résumé de mon histoire à l'intention du planton qui, curieusement, parut intéressé. Mon expérience, déjà fort riche, des rapports avec l'administration m'avait enseigné que l'humilité et la courtoisie avec les interlocuteurs de rang modeste constituent le principal secret de l'efficacité. Pour être mis en relation avec les responsables d'un service, quel qu'il soit, il est en effet primordial de s'attirer la sympathie et la considération de ses subalternes. S'ils prennent fait et cause pour vous, ceux-ci seront prêts à se mettre en quatre pour vous aider à obtenir ce que vous souhaitez.

À Bregenz, je pus ce jour-là vérifier la pertinence de cette règle lorsque le planton, visiblement sensible à l'exposé de mon affaire, proposa de me faire rencontrer un gradé. Après quelques minutes d'attente, nous fûmes introduits dans le bureau de son chef, où celui-ci voulut s'assurer que le mandat d'arrêt international visant Dieter Krombach avait bien été diffusé en Autriche. Dans un premier temps, il eut quelques difficultés à le retrouver en raison d'une erreur commise dans l'énoncé de la date de naissance du condamné. Puis, ayant constaté que les forces de l'ordre autrichiennes étaient régulièrement saisies d'une demande d'arrestation depuis le printemps 1997, il nous conduisit dans le bureau du directeur régional de la gendarmerie en personne.

D'emblée, ce haut responsable parut écouter notre récit avec beaucoup de bienveillance.

– J'ai récemment entendu parler du meurtre de votre fille dans les journaux, nous confia-t-il.

En le questionnant plus précisément, je compris qu'il ignorait en revanche tout de l'identité du meurtrier. La presse allemande, lorsqu'elle traite des faits divers, s'abstient en effet systématiquement de dévoiler les noms des auteurs de crimes et délits, mêmes lorsque ceux-ci ont été condamnés. Ainsi, au lendemain du procès de Kempten, les chroniqueurs judiciaires s'étaient-ils contentés d'évoquer la condamnation d'un certain « docteur K. », originaire de Lindau. Quant à sa photo, elle avait été méticuleusement « floutée » – si bien que Krombach était absolument méconnaissable.

Encouragé par l'écoute attentive du militaire, je lui remis tous les documents dont je disposais sur le meurtre de Kalinka, ainsi qu'un lot de photos de Krombach.

– Tout ce que je veux, le suppliai-je ensuite, c'est que la condamnation prononcée contre cet homme par la cour d'assises de Paris soit exécutée. Or, j'ai le sentiment que les autorités françaises ne manifestent pas beaucoup d'impatience à cet égard. C'est pourquoi je voudrais sensibiliser les policiers, les gendarmes et les douaniers autrichiens à la procédure qui vise Dieter Krombach.

– Je comprends fort bien, me répondit-il alors, et vous pouvez me faire confiance, je vais m'occuper de votre affaire. Dès demain, je donnerai des instructions pour que le signalement de cet homme soit spécialement diffusé dans chacun des points de contrôle qu'il est susceptible d'emprunter. Je m'engage par ailleurs à vous tenir informé des résultats de nos recherches.

J'avais si souvent eu le sentiment de buter sur des portes fermées que j'eus d'abord du mal à croire la réponse que ce haut responsable de la gendarmerie venait de me faire. Sans m'emballer, je résolus d'ailleurs de mener à son terme mon petit tour des postes-frontières autrichiens et suisses, comme je l'avais prévu. En passant à l'aéroport de Genève, sur le chemin du retour vers Toulouse, je m'arrêtai au bureau de la police de l'air et des frontières afin de distribuer les quelques tracts qui me restaient. Comme à chaque étape, j'attendais avec anxiété de voir la façon dont mes interlocuteurs réagiraient. Allaient-ils garder mes documents ? Les enterrer sous une pile de papiers ? Les jeter à la poubelle ?

De retour à Pechbusque, je me remis à rédiger des courriers, à passer des coups de téléphone... De plus en plus, j'avais le sentiment qu'on m'opposait un silence poli mais impatient. Côté français, l'administration semblait bien décidée à oublier Kalinka. L'Allemagne, elle, avait prononcé un jugement d'une rare clémence contre le docteur Krombach. Seule l'Autriche, par la détermination personnelle d'un gendarme bienveillant, semblait donc dorénavant m'offrir quelques raisons d'espérer...

# – 7 –

Plus je m'interrogeais, et plus il m'apparaissait évident que le directeur régional de la gendarmerie de Bregenz n'avait a priori aucune raison de me venir en aide. Il aurait pu m'envoyer promener – comme l'avaient fait tant de responsables administratifs français –, classer discrètement mes documents sous une pile de paperasses inutiles, se borner à demander des instructions à ses supérieurs... Après tout, ce militaire autrichien avait sans doute mille tâches autrement prioritaires à exécuter. La recherche de Krombach ne pouvait lui attirer qu'un surcroît de travail – et peut-être aussi quelques ennuis.

À mes yeux, l'unique explication rationnelle à son comportement résidait dans la profonde humanité dont cet homme avait su faire preuve lorsque je m'étais présenté dans son bureau pour lui raconter mon histoire. Lui m'avait écouté, tout simplement, quand tant d'autres songeaient à leur carrière en m'entendant crier ma douleur de père. Son accueil m'avait rendu quelques forces après la parodie judiciaire de Kempten. Mieux, il avait su restaurer en moi ce soupçon de foi en l'Homme que la froideur des administrations françaises était, à la longue, parvenue à chasser.

Si ces promesses eurent la vertu de me redonner courage, la perspective de voir Krombach interpellé en Autriche passa vite au second plan de mes préoccupations, tant elle me paraissait lointaine. De façon plus terre à terre, j'avais choisi de concentrer mes efforts sur le suivi de la procédure d'*exequatur* que j'avais engagée devant le parquet de Kempten. Parallèlement, j'avais inondé l'institution judiciaire française de courriers visant à obtenir, enfin, que l'arrêt prononcé le 9 mars 1995 par la cour d'assises de Paris fût mis à exécution. En 1998 et 1999, par ailleurs, je me rendis à plusieurs reprises à Lindau pour m'assurer que Krombach n'avait pas pris la fuite après sa condamnation à Kempten. Je m'aperçus, d'abord sans bien me l'expliquer, que le meurtrier de ma fille ne résidait sur les rives du lac de Constance que par intermittence. Il me fallut plusieurs déplacements pour comprendre que le tribunal, en lui retirant son autorisation d'exercer la médecine, l'avait contraint à errer à travers l'Allemagne au gré de remplacements ponctuels que les responsables peu scrupuleux de cliniques ou de cabinets médicaux l'autorisaient à effectuer en fermant les yeux. D'après les renseignements que je pus collecter auprès de la population locale, le médecin ne rentrait plus à Lindau qu'à l'occasion de week-ends ou de vacances scolaires.

*
**

Son arrestation me fut annoncée par le directeur régional de la gendarmerie de Bregenz en personne, le samedi 8 janvier 2000. Ce matin-là, en rentrant du marché, j'écoutais distraitement les messages stockés sur mon répondeur téléphonique lorsque je crus soudain reconnaître une voix familière qui s'exprimait en allemand. Incapable d'en saisir le propos, j'appelai mon traducteur et lui fis écouter l'enregistrement dans le combiné du téléphone.

– Ça y est, s'exclama Roland Berry. Krombach vient d'être arrêté... Il est en prison !

Tout à coup, je sentis un flot de soulagement me monter au cœur. C'était fini, j'en étais certain, je n'avais nul besoin d'en savoir plus. Arrêté, enfin, le meurtrier de ma Kalinka allait être extradé vers la France, rejugé, condamné. Mon cauchemar, après ces si longues années, s'achevait pour de bon. J'avais envie de pleurer. De remercier.

Je ne retrouvai un semblant de calme que le dimanche matin, en réalisant qu'il allait maintenant falloir veiller à ce que la justice française se mobilise au plus vite pour obtenir l'extradition du médecin. Sans m'inquiéter de savoir si une telle démarche était convenable ou non, j'appelai la Chancellerie et tombai sur un fonctionnaire de permanence qui, malgré mon insistance, fut incapable de me fournir la moindre information.

Il me fallut attendre le lendemain matin pour parvenir à joindre les magistrats du bureau d'entraide pénale internationale qui, bien que chargés de mon dossier, n'étaient au courant de rien. En quelques mots, je leur communiquai les maigres informations qui m'étaient parvenues. Ils me proposèrent alors de me rappeler lorsqu'ils en auraient vérifié l'authenticité. Comme promis, l'un de mes interlocuteurs habituels se manifesta en milieu d'après-midi.

– Effectivement, me confirma-t-il, Dieter Krombach a bien été interpellé en Autriche et il est actuellement détenu à la prison de Feldkirch. Les autorités autrichiennes devraient nous notifier officiellement cette arrestation d'ici peu. Nous verrons alors quelle position il convient d'adopter...

Entre-temps, je m'étais replongé dans le code de procédure pénale, où j'avais appris que la France disposait d'un délai de trois semaines pour adresser à Vienne une demande d'extradition en bonne et due forme. Dans les jours qui suivirent, je multipliai les coups de fil afin de faire pression sur le parquet général de Paris – qui était encore, à l'époque, dirigé par l'ancien responsable des Affaires criminelles et des Grâces, Alexandre Benmakhlouf –, ainsi que sur la Chancellerie.

Au cours de la semaine suivante, je recueillis par ailleurs quelques précisions sur les circonstances dans lesquelles Krombach avait été arrêté. Les journaux de Bregenz, en effet, avaient consacré plusieurs articles à son interpellation. Celle-ci était intervenue à bord d'un train qui reliait la petite ville helvétique de Saint-Margrethen à Lindau, en passant par l'Autriche. Le meurtrier de Kalinka s'était-il rendu en Suisse pour y retirer de l'argent ? Quoi qu'il en soit, pour avoir emprunté à plusieurs reprises cette ligne ferroviaire lors de mes déplacements dans la région, je savais qu'elle était presque systématiquement contrôlée par les forces de l'ordre dans le cadre de la lutte menée contre les transports de fonds illicites.

Naturellement, les douaniers n'avaient a priori aucune raison particulière de contrôler Krombach qui, sobre et discret, affichait tous les attributs d'un tranquille père de famille. Mais ce jour-là, par miracle, l'un des gendarmes qui patrouillaient à bord du train était au courant du mandat d'arrêt qui visait le médecin allemand. Ce militaire le reconnut instantanément et put vérifier son intuition grâce à une photo qu'il transportait avec lui. Invité à produire ses papiers, Krombach s'exécuta sans broncher. Il fut aussitôt arrêté et transféré dans les locaux de la gendarmerie, avant d'être placé en détention provisoire dans l'attente de son transfert vers la France.

Le 14 janvier 2000, soit six jours après son arrestation, le procureur général près la cour d'appel de Paris signa une demande d'extradition visant Dieter Krombach. Aussitôt, celle-ci fut communiquée au ministère de la Justice puis au ministère des Affaires étrangères, qui l'expédia par la valise diplomatique au consulat général de France à Vienne, où elle fut notifiée à la Justice autrichienne.

Mais là encore, le dénouement attendu n'eut pas lieu. La demande d'extradition, dont j'obtins par la suite une copie, se trouvait entachée d'une erreur grossière dont je n'ose imaginer qu'elle ait pu échapper à la vigilance d'un magistrat aussi compétent qu'Alexandre Benmakhlouf. Pour étayer cette demande d'extradition, en effet, celui-ci avait fait référence à l'arrêt de la cour d'assises qui, le 9 mars 1995, avait condamné Krombach à quinze ans de réclusion criminelle pour « violences volontaires ayant entraîné la mort sans intention de la donner ». Or, comme n'importe quel étudiant en première année de droit aurait pu le vérifier, le code de procédure pénale prévoyait à l'époque qu'une telle requête devait en fait se fonder sur l'arrêt de renvoi rendu par la chambre d'accusation, le 8 avril 1993, à l'issue de l'instruction criminelle. Autrement dit, le parquet général s'était « trompé » dans le choix du texte qui devait justifier le transfert de Krombach aux autorités françaises.

Cette erreur, qui paraîtra sans doute dérisoire à beaucoup, était de nature à vicier la suite de la procédure. Les avocats du détenu, en effet, auraient beau jeu de pointer cette imprécision pour faire annuler la demande d'extradition. Quand bien même celle-ci serait mise à exécution, d'ailleurs, le nouveau procès qui devait se tenir en présence de l'accusé serait fatalement biaisé. Extradé sur la base de la condamnation prononcée en 1995, l'accusé ne pourrait être rejugé que pour les faits retenus à l'époque par la cour d'assises, qui parlait de « violences ayant entraîné la mort *sans intention de la donner* ». Au plus, il ne risquerait donc « que » quinze ans de prison – alors que l'arrêt rendu en 1993 par la chambre d'accusation, prononçant un renvoi pour « homicide volontaire », l'exposait à une peine de réclusion criminelle à perpétuité.

Hélas, le processus judiciaire initié par l'arrestation de Krombach s'enraya bien avant que la « boulette » commise par le procureur général de Paris ait eu le temps de le biaiser. Le 2 février 2000, en effet, un rebondissement imprévisible réduisit à néant les efforts que j'avais mis en œuvre pour faire arrêter le meurtrier de Kalinka.

Ce jour-là, je me trouvais dans le bureau du directeur général des Affaires criminelles et des Grâces, Yves Charpenel, à deux pas de l'Opéra. À force d'insister, j'avais obtenu d'être reçu par ce haut responsable de la Chancellerie pour lui faire part des attentes et des griefs que je nourrissais à l'endroit de l'institution judiciaire. L'entretien venait juste de débuter lorsque la sonnerie du téléphone portable de mon avocat, M^e^ Gibault, qui m'accompagnait, retentit. Celui-ci décrocha, écouta en silence, puis blêmit.

– C'est Jean-Alphonse Richard, le journaliste du *Figaro*... Ses confrères autrichiens lui affirment que Krombach vient d'être libéré !

Je sentis un coup de massue s'abattre sur moi. Retranché derrière son bureau, Yves Charpenel affichait une mine déconfite. Gibault, furieux, lui demanda :

– Vous étiez au courant ?

– Absolument pas !

La justice française, décidément, n'en finissait pas de se faire rouler dans la farine... Très embarrassé par la situation, le magistrat appela le cabinet du garde des Sceaux et demanda à savoir si l'on avait été informé de cette remise en liberté. Réponse négative. Le consulat général de France à Vienne fut contacté. De longues minutes plus tard, nous obtînmes une confirmation. La détention provisoire de Dieter Krombach venait bien d'être levée sur décision du tribunal régional supérieur d'Innsbruck.

*
**

La stupeur passée, il me fallut quelque temps pour reconstituer l'improbable scénario au terme duquel cette libération avait été ordonnée. Immédiatement après son arrestation, les avocats du médecin avaient fait appel de son placement en détention auprès du juge de Feldkirch, qui les avait aussitôt déboutés. Un autre recours avait ensuite été engagé à Innsbruck. C'est alors, sans doute, que les autorités allemandes avaient dû discrètement se rapprocher de la justice autrichienne pour lui demander de refuser l'extradition de Krombach. Le médecin, affirmèrent de façon tout à fait fausse ses mystérieux protecteurs, avait déjà été jugé et blanchi dans le cadre de l'enquête menée à Kempten sur la mort de Kalinka. En vertu du principe *Non bis in idem*, il ne pouvait donc plus être inquiété pour ces faits à la demande d'un autre pays...

Le raisonnement, bien qu'il reposât sur un tissu de mensonges, suffit apparemment à convaincre le tribunal régional supérieur d'Innsbruck. Dès lors que Krombach ne pouvait être poursuivi en France pour le meurtre de ma fille, la juridiction estima évidemment qu'il n'existait plus de raison de le maintenir en détention. Aussi, on ordonna sa remise en liberté immédiate. En violation flagrante de la Convention européenne d'extradition, selon laquelle le pays requis est tenu de prendre toutes les mesures nécessaires pour prévenir les risques de fuite en attendant l'examen de la demande formulée par l'État requérant, aucun contrôle judiciaire ne fut imposé au médecin. Dans l'heure qui suivit sa sortie de prison, il put donc repasser la frontière allemande et gagner tranquillement Lindau où, quinze années d'expérience le lui avaient enseigné, la justice française ne pourrait strictement rien contre lui.

Une explication plus officieuse à cette farce judiciaire me fut livrée le 14 février 2000 lors d'une nouvelle réunion qui se tint dans les locaux du ministère en présence d'Yves Charpenel, mais aussi d'un conseiller technique du garde des Sceaux, de son conseiller diplomatique et du directeur du service des affaires européennes et internationales.

– Vous savez, me confia d'emblée l'un de ces hauts fonctionnaires, la remise en liberté de Krombach peut aussi être comprise comme une mesure de rétorsion...

Comme je ne saisissais pas l'allusion, mes interlocuteurs me rappelèrent que la France était en délicatesse avec l'Autriche depuis que le président Jacques Chirac avait vigoureusement critiqué l'alliance passée par le chancelier fédéral conservateur, Wolfgang Schüssel, avec les extrémistes du Parti autrichien de la liberté (FPÖ) dirigé par Jörg Haider. Dénonçant la constitution d'un gouvernement de coalition, l'Élysée avait récemment encouragé l'Union européenne à adopter contre Vienne des sanctions symboliques allant du gel des relations bilatérales au refus de nommer des candidats autrichiens à des postes à responsabilités dans les organisations internationales.

– D'après ce qu'indique notre consulat général sur place, les dirigeants autrichiens attendaient la première occasion pour faire payer cet affront à la France, compléta l'un des fonctionnaires. Malheureusement pour vous, c'est à ce moment-là que les avocats de Krombach ont présenté leur demande de remise en liberté...

De plus en plus agacé par la tournure que prenaient les événements, Me François Gibault souligna que la France ne pouvait se laisser ainsi humilier par le gouvernement autrichien. Plus mal à l'aise encore que lors de la réunion précédente, Charpenel ne desserrait pas les lèvres. La présence des conseillers du garde des Sceaux le plaçait manifestement dans une position particulièrement inconfortable. En technicien du droit, le magistrat était en effet forcé de convenir que l'Autriche avait ouvertement violé les accords européens en relâchant Krombach dans la nature. Or, le ministre et ses proches collaborateurs semblaient bien décidés à ne pas faire de vagues afin de préserver les délicates relations entre la France, l'Allemagne et l'Autriche.

Pour la première fois, ce jour-là, je réalisai qu'un personnage d'un rang aussi considérable que le directeur des Affaires criminelles et des Grâces n'avait finalement aucun pouvoir dans le traitement d'un dossier présentant des implications internationales si complexes.

– Il n'y a pourtant pas besoin d'être un grand juriste pour comprendre que l'argument invoqué par les Autrichiens ne tient pas, m'indignai-je auprès des conseillers ministériels. La vérité, c'est que Krombach n'a jamais été jugé à Kempten pour le meurtre de Kalinka. Tout ce qu'ont fait les Allemands, c'est une enquête qui n'a donné lieu à aucune garde à vue ! À aucune poursuite ! À aucun procès contradictoire et public ! Autant dire qu'on est loin des cas d'application du principe *Non bis in idem*...

Les hauts fonctionnaires, qui m'avaient écouté poliment, s'engagèrent à suivre le dossier avec la plus grande attention et me promirent de me communiquer le texte des décisions de justice prises en Autriche dès qu'ils en auraient la copie.

Puis ils me congédièrent avec, sans doute, le sentiment du devoir accompli.

*
**

Il me fallut plusieurs semaines pour surmonter la terrible douche froide qu'avait représentée la libération de Dieter Krombach. À l'annonce de son interpellation, en effet, j'avais pour la première fois entrevu la sortie du long tunnel dans lequel j'étais enfermé depuis l'été 1982. Incarcéré en Autriche, le meurtrier de ma fille allait mécaniquement être livré à la justice française. Cette obligation étant gravée dans le marbre des accords européens, il ne pouvait en être autrement. Je n'avais qu'à attendre...

Lorsque l'impensable survint, je me pris à regretter de ne pas m'être rendu en Autriche dès le 8 janvier. Sur place, j'aurais harcelé, fait pression, sensibilisé – tant et si bien que les magistrats n'auraient eu d'autre choix que de respecter le droit. Hélas, pour une fois, j'avais fait preuve d'une confiance excessive dans le fonctionnement de la justice. Je me jurai bien qu'on ne m'y reprendrait plus !

Les semaines suivantes me confirmèrent qu'aucun cadeau ne me serait fait par l'appareil judiciaire français. Il me faudrait décidément tout endurer, tout conquérir – comme mille petits détails ne tardèrent guère à m'en persuader.

Les pièces de la procédure autrichienne, dont la Chancellerie m'avait promis la copie ? Après plusieurs mois d'une vaine attente, c'est moi qui dus les transmettre à la direction des Affaires criminelles et des Grâces après avoir chargé un avocat viennois de me les communiquer. L'intervention des autorités françaises, qui m'avaient assuré qu'elles marqueraient officiellement leur désaccord avec le gouvernement de Vienne ? En fait de protestation, il me fallut attendre décembre 2000 pour recevoir une lettre par laquelle Yves Charpenel m'indiquait que l'Autriche, pays souverain, était libre de prendre les décisions de justice qu'elle jugeait opportunes... Et pour tout arranger, l'auteur de ce courrier m'annonçait son intention d'adresser à l'Allemagne une dénonciation officielle des faits relatifs à la mort de Kalinka, afin que des poursuites puissent dorénavant être engagées outre-Rhin...

Ce fut, après tant de déceptions, une sorte de coup de grâce. Sous prétexte de répondre à mes demandes répétées, la justice française entendait donc se dessaisir de l'épais dossier qu'elle avait constitué après le meurtre de ma fille pour le transmettre aux autorités allemandes. Formellement saisies, celles-ci n'auraient alors plus qu'à organiser une parodie de procès au terme duquel Dieter Krombach, enfin, pourrait être acquitté le plus officiellement du monde. *Non bis in idem*, proclamerait-on alors *urbi et orbi*, tandis que le meurtrier de ma fille serait pour toujours libre d'aller et venir. En Autriche, en Suisse et même en France, il pourrait désormais se déplacer sans jamais plus risquer d'être inquiété par le maudit Bamberski !

Par miracle, ce mauvais tour ourdi dans je ne sais quel recoin de la Chancellerie ne fut, dans l'immédiat, pas mis à exécution. En revanche, la lettre signée par Yves Charpenel acheva de sceller ma détermination à lutter, jusqu'à mon dernier souffle, contre l'inertie de la machine judiciaire française.

L'année précédente, épuisé par un combat qui n'avait jusqu'alors livré que des résultats trop incertains, j'avais pourtant traversé une longue période de doute durant laquelle, plus d'une fois, j'avais imaginé de tout laisser tomber. Las de compter les espoirs déçus et les insoutenables trahisons, je m'étais senti arriver au bout de mes forces, tant physiquement que sur le plan psychique. Pendant dix-sept ans, j'avais mené de front mon activité professionnelle, mon rôle de père et mon combat judiciaire, enchaînant les journées de quatorze heures sans jamais m'arrêter. Manquant de temps pour assurer le développement de mon cabinet, je n'avais jamais pu embaucher les collaborateurs sur lesquels j'aurais pourtant eu besoin de pouvoir m'appuyer. Faute de remplaçant, j'avais travaillé pendant les vacances, les week-ends et seuls les rares instants que je passais avec mon fil Nicolas sur une planche à voile, au mois d'août, ou sur des skis durant les vacances de Noël, m'avaient offert à intervalles réguliers une fenêtre de détente.

Christiane, par bonheur, avait toujours été près de moi dans cette course de fond. Pourtant, mon incapacité à m'abstraire, même brièvement, de mon combat pour Kalinka avait incontestablement pesé sur la vie de notre couple. Cent fois, je lui avais imposé mes colères, mes angoisses, mes pleurs, sans chercher à l'épargner. Jusqu'alors, elle ne m'en avait jamais fait le reproche. Avec le temps, cependant, j'avais fini par prendre conscience que cette situation ne pourrait pas durer éternellement.

Après avoir longuement hésité, je m'étais donc résigné à en finir avec cette vie de fou. J'avais soixante-deux ans, l'heure était venue de faire un choix. Devais-je abandonner la lutte, comme me le suggérait mon père ? J'avoue que cette perspective m'avait effleuré. Pour autant, je ne pouvais accepter l'idée que, jamais, justice ne serait rendue à ma fille. Fin 1999, j'avais donc décidé de faire valoir mes droits à la retraite, bien résolu à consacrer désormais mon temps libre à mon fils, à ma compagne et à la traque de Dieter Krombach.

*
**

Plus le temps passait, et plus il me semblait évident que les multiples anomalies qui avaient bénéficié à cet homme durant près de deux décennies ne relevaient pas du pur hasard. Au printemps 2000, d'ailleurs, je mis la main sur des documents tendant à démontrer l'existence d'échanges entre la France et l'Allemagne, ayant eu pour effet de protéger le meurtrier de Kalinka. Paradoxalement, ces preuves écrites de la duplicité des autorités françaises furent portées à ma connaissance grâce aux efforts que Krombach avait entrepris pour faire annuler sa condamnation par contumace.

En janvier 1996, je l'ai déjà dit, Dieter Krombach avait demandé à ses avocats allemands de saisir la Cour européenne des droits de l'homme (CEDH) afin d'obtenir l'annulation du verdict prononcé à son encontre, l'année précédente, par la cour d'assises de Paris. Pour ma part, je n'eus connaissance de ces démarches qu'un an plus tard, lorsque j'appris auprès du parquet de Kempten que le condamné avait demandé la mise en suspens de la procédure d'*exequatur* tant que la juridiction de Strasbourg n'aurait pas rendu son arbitrage. Dans leur requête, ses conseils avaient formulé plusieurs griefs contre le fonctionnement de l'institution judiciaire française. Tout d'abord, avaient-ils affirmé, l'impossibilité d'être défendu par un avocat lors d'un procès par contumace organisé devant une juridiction française était contraire aux droits de l'homme. Ensuite, ils avaient jugé inacceptable que la condamnation prononcée en son absence ne puisse faire l'objet d'aucun recours – la Cour de cassation s'étant déclarée incompétente. Une fois de plus, ils avaient en outre argué du principe *Non bis in idem* pour affirmer que la cour d'assises n'avait aucune légitimité à juger un homme pour des faits déjà examinés par une juridiction allemande. Ne reculant devant aucun argument, ils avaient enfin souligné que la condamnation de leur client, assortie depuis peu d'un mandat d'arrêt, portait atteinte à sa liberté imprescriptible d'aller et venir...

En février 2000, la CEDH rendit un premier arrêt par lequel elle jugea que certains des arguments soulevés par le condamné étaient recevables. La procédure française de jugement par contumace, qui a depuis lors été réformée de fond en comble, fut notablement égratignée par les magistrats européens. À leurs yeux, il n'était pas acceptable qu'un accusé, fût-il en fuite, ne puisse se défendre par l'intermédiaire de ses avocats. En effet, rappelèrent-ils, la Convention européenne des droits de l'homme affirme que « tout accusé a le droit de se défendre lui-même ou de se faire assister d'un avocat ». Dans ces conditions, estimèrent-ils, la condamnation prononcée le 9 mars 1995 ne pouvait être considérée comme entièrement conforme aux droits de l'homme.

Dans un premier temps, j'accueillis cette décision avec un découragement d'autant plus vif que les avocats de Krombach, prompts à dénoncer le « déni de justice » dont le médecin avait selon eux été victime, ne manquèrent pas de la médiatiser. Pendant plusieurs jours, de nombreux articles soulignèrent que la France venait d'être épinglée pour le verdict rendu contre le meurtrier de Kalinka. Entre les lignes, il arriva même que le médecin allemand fût présenté comme l'objet d'un incompréhensible acharnement nourri par l'institution judiciaire hexagonale !

Lorsque, au bout de quelques semaines, j'obtins copie du dossier instruit devant la CEDH, je mesurai cependant tout le parti que je pourrais tirer de cette procédure. Pour étayer leurs réclamations, les avocats de Krombach, manifestement épaulés par les autorités allemandes, avaient en effet communiqué à la cour divers documents qui m'étaient jusqu'alors inconnus. Parmi ces pièces, j'eus la surprise de découvrir une lettre de deux pages adressée par l'ambassade d'Allemagne en France au Quai d'Orsay, le 17 février 1995.

> « L'ambassade de la République fédérale d'Allemagne présente ses compliments au ministère des Affaires étrangères et, se référant à divers contacts récents concernant la procédure pénale contre le docteur Dieter Krombach, a l'honneur

de soulever les questions suivantes quant à l'inscription de l'affaire pour jugement par contumace par la cour d'appel de Paris.

Sous l'angle de la coopération judiciaire entre la France et l'Allemagne, la procédure actuelle est redondante, étant donné :

– Que les faits se sont déroulés en 1982 sur le sol allemand.

– Que tous les protagonistes, y compris la victime, étaient des résidents en Allemagne.

– Que l'enquête a été effectuée par les autorités territorialement compétentes.

– Que le docteur Krombach a bénéficié d'un non-lieu.

– Que le recours de la partie civile contre ce non-lieu a été rejeté par arrêt de la première chambre criminelle de la cour d'appel de Munich.

– Que par la suite, aucun élément nouveau susceptible de rouvrir le dossier n'a été présenté à la justice allemande.

– Que les commissions rogatoires demandées par le juge français ont été exécutées correctement par la magistrature allemande et que le docteur Krombach a répondu aux convocations en Allemagne.

La procédure non contradictoire par contumace intentée s'apprête à revoir une décision de justice contradictoire, fait qui heurte deux principes fondamentaux (...)

Sous l'angle de la protection consulaire pour son citoyen :

– Indépendamment du fait que l'accusé se présente ou non à l'audience, ses droits de la défense doivent être pleinement garantis dans le cadre de l'article 6 de la Convention de Strasbourg, y compris par la participation d'un défenseur de son choix.

– Vu les circonstances particulières de l'affaire et le déroulement de la procédure en Allemagne et en France, et vu sa durée, la compatibilité de la procédure en tant que telle avec ledit article 6 est douteuse.

L'ambassade de la République fédérale d'Allemagne saisit cette occasion pour renouveler au ministère des Affaires étrangères les assurances de sa haute considération... »

Ces lignes, empreintes d'une incroyable arrogance, me stupéfièrent. Noir sur blanc, elles attestaient que la procédure instruite à l'encontre de Krombach, loin d'être traitée comme un dossier criminel ordinaire, avait fait l'objet de tractations secrètes entre Paris et Berlin. Sans la moindre gêne, un ambassadeur étranger avait tenté de faire pression sur la justice de mon pays. Et la présence d'un diplomate allemand dans le bureau du président Wacogne, le 1er mars 1995, s'expliquait désormais à merveille ! Avec un aplomb déconcertant, l'homme était tout simplement venu réclamer la bienveillance du magistrat pour le ressortissant qui allait bientôt comparaître devant lui. Plus effrayant encore : sa stratégie semblait avoir parfaitement fonctionné. Aussitôt, en effet, l'audience avait été ajournée. Huit jours plus tard, en outre, la cour d'assises s'était montrée singulièrement complaisante à l'égard de l'accusé. Ses défenseurs, je l'ai déjà dit, avaient exceptionnellement été autorisés à plaider. En violation flagrante des usages judiciaires en matière de contumace, le crime qui lui était reproché avait été requalifié *in extremis*. Enfin, la cour s'était montrée d'une surprenante mansuétude en décidant de ne pas appliquer la peine maximale prévue par le code pénal.

Ce n'était pas tout. En complément de l'arrêt rendu en février 2000 par la Cour européenne des droits de l'homme, j'obtins une copie du mémoire rédigé par les avocats de Dieter Krombach à l'intention des magistrats de Strasbourg. Or, j'eus la stupéfaction de découvrir que ce document faisait référence à une mystérieuse lettre dans laquelle les autorités françaises se seraient, par la suite, engagées à ce que sa condamnation ne soit jamais mise à exécution. Circonstancié, l'argumentaire évoquait même un aparté avec le procureur général Jean-François Burgelin, lors duquel celui-ci aurait promis de ne pas diffuser le mandat d'arrêt international visant Krombach. À en croire les défenseurs de Dieter Krombach, Paris aurait donc discrètement accepté de « couvrir » le meurtrier de Kalinka tout en sauvant les apparences au moyen d'une condamnation de pure forme...

Ce scénario, digne d'un film d'espionnage, acheva de me glacer. Qui pouvait bien être ce Dieter Krombach, pour que la France et l'Allemagne consentent à de telles concessions afin de lui épargner d'avoir à répondre de son crime ? Au fil des ans, j'avais à peu près tout entendu sur le ressort des protections dont il bénéficiait manifestement. Certaines rumeurs suggéraient que son appartenance supposée à la franc-maçonnerie lui avait valu cette invraisemblable impunité. D'autres affirmaient qu'il avait longuement servi au sein des services secrets allemands. Au temps de notre première rencontre au Maroc, il est vrai, je m'étais demandé quelle fonction un médecin interniste pouvait bien exercer au sein du consulat d'Allemagne, qui était alors son employeur officiel. Pour autant, aucun élément tangible ne m'avait jamais permis de privilégier l'une ou l'autre des explications dont j'avais eu vent.

Dans les semaines qui suivirent la lecture du mémoire rédigé par ses avocats, je multipliai les démarches pour tenter d'obtenir copie des éventuels courriers par lesquels la France aurait pu s'engager à protéger Krombach – en vain. Pour tout butin, je parvins à me faire communiquer un bordereau attestant que le Quai d'Orsay avait bien répondu à la lettre adressée le 17 février 1995 par l'ambassade d'Allemagne. En revanche, j'échouai à m'en faire adresser le texte, qu'on avait manifestement décidé de tenir sous bonne garde.

*
**

En ce même printemps 2000, les entretiens que j'eus respectivement avec un haut fonctionnaire du ministère de la Justice et un autre du Quai d'Orsay me confortèrent dans la certitude que Krombach avait décidément bénéficié d'une particulière bienveillance.

– Monsieur Bamberski, me glissa l'un d'eux sous le sceau de la confidence, vous devez être bien conscient que votre affaire n'est pas une affaire ordinaire. Elle est examinée au plus haut niveau dans les deux pays. Et quand je dis au plus haut niveau, je veux bien dire : « au plus haut » !

Une colère sourde, à cette époque, se mit à battre en moi. Au cours des années précédentes, les fonctionnaires qui suivaient mon dossier, au ministère de la Justice ou au Quai d'Orsay, avaient pris l'habitude de m'inciter à la patience.

– Vous devez être raisonnable, m'entendais-je de plus en plus souvent répliquer, comme si, sans m'en apercevoir, je m'étais à la longue transformé en un illuminé qu'on aurait eu besoin de calmer.

Parfois, un journaliste qui se trouvait en contact avec les mêmes fonctionnaires m'expliquait :

– Ils finissent par considérer que vous êtes un peu trop passionné. Ils se sentent harcelés, ils disent que vous êtes paranoïaque...

Un jour, l'un de ses confrères me lâcha même :

– Tout ce que vous dites, c'est bien joli, mais vous ne pouvez pas accuser la justice française de couvrir un criminel si vous n'avez pas un minimum de preuves !

Un minimum de preuves... L'argument, qui m'aurait déstabilisé quelques mois plus tôt, n'opérait plus. Il y avait eu des lettres, des rencontres secrètes, des stratégies souterraines. Les fonctionnaires du ministère de la Justice, j'en étais désormais certain, se concertaient pour esquiver mes assauts. Je finis d'ailleurs par en obtenir la preuve lorsque, quelques mois plus tard, je saisis le médiateur de la République des dysfonctionnements dont j'estimais avoir été victime. À cette occasion, en effet, un certain nombre de notes internes relatives à mon dossier furent collectées auprès de la Chancellerie. Dans l'un de ces mails, échangés entre deux de mes interlocuteurs habituels, j'eus la stupéfaction de lire : « Ça y est, Bamberski a lâché le médiateur de la République à nos trousses. »

À l'évidence, ils me considéraient désormais moins comme une victime que comme un empêcheur de tourner en rond...

Dans ce contexte, je fus contraint de m'endurcir pour affronter la froide hostilité des institutions qui s'opposaient à moi. D'un tempérament émotif, il m'était parfois arrivé de flancher, au cours des années précédentes, lorsque je butais sur des situations trop manifestement absurdes. Parfois, j'explosais de colère. À d'autres moments, plus rares, les larmes me montaient aux yeux devant des interlocuteurs désarmés. Le plus souvent, ces crises se révélaient plutôt contre-productives. À de rares occasions, cependant, elles me permirent de fendre la carapace derrière laquelle nombre de fonctionnaires avaient appris à se retrancher.

Un jour, il m'arriva ainsi de perdre mon sang-froid, au téléphone, lors d'un énième entretien avec le magistrat de liaison de l'ambassade de France à Berlin. Depuis plusieurs mois, je le suppliais de se mobiliser pour obtenir que l'Allemagne revoie sa position vis-à-vis de Krombach. Inaccessible, lui campait sur une position intenable qui consistait à affirmer, comme toujours, que le principe *Non bis in idem* interdisait à la France de prétendre juger le médecin allemand. Las de me heurter à tant de mauvaise foi, je finis par lui hurler dessus, le gratifiant au passage de quelques injures, avant de raccrocher brutalement. Une demi-heure plus tard, il me rappela.

– Monsieur Bamberski, s'excusa-t-il alors, je suis sincèrement désolé. C'est vous qui avez raison et je vais saisir ma hiérarchie afin de faire savoir que votre point de vue doit être pris en compte... La façon dont vous êtes traité est absolument anormale.

*
**

Le succès remporté par Krombach devant la Cour européenne des droits de l'homme, s'il eut la vertu de me dévoiler l'ampleur des protections dont il avait bénéficié, n'impliqua à peu près aucune conséquence sur la procédure française. Les règles de fonctionnement de la juridiction strasbourgeoise ne prévoyaient pas, en effet, que l'arrêt définitif prononcé en février 2001 entraînât, à lui seul, l'annulation du verdict de la cour d'assises de Paris. Pour cela, il fallait encore que le meurtrier de Kalinka demande le réexamen de son procès dans des formes compatibles avec les exigences de la Cour européenne des droits de l'homme. Or il se garda bien de faire une telle démarche, trop conscient sans doute qu'elle lui imposerait de comparaître en personne devant les magistrats. Aux yeux de l'opinion, pensait-il sans doute, la décision de la CEDH lui avait donné raison. Désormais, il avait donc tout intérêt à ne plus bouger et à attendre, espérant sans doute que je finirais par me lasser...

Bien décidé à ne pas laisser l'initiative au meurtrier de ma fille, je résolus de tout faire pour obtenir moi-même le réexamen de son procès par contumace. Dans la mesure où le code de procédure pénale ne m'autorisait pas à le solliciter directement, je me tournai vers le ministre de la Justice, Marylise Lebranchu, ainsi que vers le procureur général près la Cour de cassation, Jean-François Burgelin. Outre Krombach, les titulaires de ces deux fonctions avaient en effet qualité pour solliciter la tenue d'une nouvelle audience criminelle. Avec l'aide de l'association Justice pour Kalinka, qu'un groupe d'amis et de voisins toulousains venait de constituer pour m'épauler dans mon combat, je multipliai les courriers et les coups de fil, espérant les fléchir à force de persévérance. Au terme de longs atermoiements, cependant, le ministre et le procureur m'opposèrent une fin de non-recevoir.

Début 2002, Jean-François Burgelin m'écrivit ainsi : « J'ai malheureusement le regret de vous faire savoir que l'article 626-1 du code de procédure pénale limite le bénéfice du réexamen de la décision pénale définitive à "la personne reconnue coupable d'une infraction" et à la condition que "la violation constatée entraîne, pour le condamné, des conséquences dommageables auxquelles la satisfaction équitable allouée ne pourrait mettre un terme". Vous comprendrez, dans ces conditions, que je ne peux donner une suite favorable à votre requête. »

Sans me décourager, j'écrivis aussi au Comité des ministres du Conseil de l'Europe. L'une des fonctions de cet organe, au terme de l'article 46 de la Convention européenne des droits de l'homme, est en effet de veiller à l'application des arrêts rendus par la Cour de Strasbourg. À première vue, il semblait donc parfaitement qualifié pour demander la tenue d'un nouveau procès contre Dieter Krombach.

Après avoir pris connaissance de ma demande, un fonctionnaire européen attaché au Conseil de l'Europe m'assura que le Comité des ministres allait se mobiliser dans ce sens. « Nous trouverons le moyen de soulever cette question lors de la réunion des délégués consacrée aux droits de l'homme, les 19 et 20 février prochains », m'écrivit-il ainsi le 30 janvier 2002. C'était compter sans la détermination de la France, qui ne tarda guère à doucher le zèle de cette institution. Par une note adressée à sa représentation permanente au Conseil de l'Europe, le Quai d'Orsay affirma en effet en dépit de l'évidence : « M. Bamberski n'est pas en mesure, pour des raisons procédurales, de demander aux délégués des ministres d'inviter les autorités françaises à solliciter la réouverture du procès de M. Krombach. » Martial, l'auteur de ce document concluait : « Il conviendra d'indiquer avec fermeté à la Direction générale des droits de l'homme que la demande présentée par M. Bamberski ne saurait être évoquée lors de la prochaine réunion des délégués des ministres. »

À l'époque, Paris justifia cette demande en assurant que le réexamen du procès de 1995 allait être demandé au plan national. Une promesse de plus qui, naturellement, ne fut jamais mise en œuvre...

Au printemps 2002, la situation semblait donc s'enliser une fois de plus. En vain, j'écrivis au conseiller du président Jacques Chirac en charge de la Justice. Dès son arrivée place Vendôme, je m'adressai également au nouveau garde des Sceaux, Dominique Perben. Dans un premier temps, celui-ci sembla envisager de donner suite à ma demande. Une demande de réexamen fut même adressée par ses services au premier président de la Cour de cassation, avant de tomber purement et simplement dans les limbes. Mon combat, désormais, relevait autant d'Ubu que de don Quichotte. L'une après l'autre, les portes s'étaient refermées.

## – 8 –

Le vingtième anniversaire de la mort de Kalinka approchait. Chaque semaine ou presque, je continuais de me rendre sur sa tombe pour me recueillir et, immanquablement, pour lui renouveler ma promesse. Non, je ne cesserais jamais de me battre pour que justice, enfin, lui soit rendue. L'une après l'autre, certes, les innombrables démarches que j'avais entreprises s'étaient jusqu'à présent terminées en cul-de-sac. Cependant, j'entendais bien lutter jusqu'au bout – si nécessaire en portant le fer contre les autorités qui, trop souvent, m'avaient impudemment mené en bateau.

En mai 2002, convaincu d'avoir épuisé tous les autres recours, je décidai d'engager une procédure contre certains des nombreux magistrats qui avaient assuré le suivi de mon dossier. Une telle action, je le compris bientôt, n'avait pas de précédent dans l'histoire judiciaire récente. À mes yeux, il s'agissait cependant d'un aboutissement logique après les multiples anomalies qui avaient émaillé le déroulement du procès par contumace de Dieter Krombach, puis l'exécution – ou plutôt la non-exécution – du verdict. Plus récemment, la découverte de documents attestant l'existence d'une collusion franco-allemande manifestement destinée à protéger le meurtrier de Kalinka avait achevé de forger ma détermination.

Au préalable, je sondai M^e^ François Gibault sur la possibilité d'initier des poursuites contre les hauts magistrats qui, à l'évidence, avaient contribué à enterrer mon dossier. Embarrassé, celui-ci fit d'abord semblant de ne pas comprendre et me conseilla d'attaquer le ministère de la Justice pour « dysfonctionnement du service public ».

– De cette façon, vous pourrez très certainement obtenir une indemnisation non négligeable, m'assura-t-il.

À ses yeux, cette démarche aurait le mérite de dénoncer le fonctionnement du corps judiciaire sans pour autant éclabousser trop directement telle ou telle personnalité. C'était, en quelque sorte, une façon « convenable » de manifester ma colère contre l'institution.

– Cette option ne m'intéresse pas, l'interrompis-je, contrarié par la réserve dont il faisait soudain preuve. Ce que je veux, c'est porter plainte ! Cette affaire recèle plusieurs exemples criants de corruption intellectuelle. Que ce soit pour complaire à leur hiérarchie, pour ne pas faire de vagues ou pour servir leur carrière, il est évident que des magistrats haut placés ont entravé le déroulement normal de la procédure. Il n'est donc pas choquant qu'ils soient poursuivis pour ces faits...

De plus en plus décontenancé, Gibault en vint à me livrer le fond de sa pensée.

– Écoutez ! Je dois d'abord vous dire que, même si vous avez raison sur le fond, une telle plainte n'a aucune chance d'aboutir. Les magistrats se couvriront sans doute mutuellement et finiront pas vous donner tort, plutôt que de désavouer l'un des leurs. Mais ce n'est pas tout... À titre personnel, il m'est impossible de vous assister dans cette procédure. Toutes les personnes que vous visez sont des anciens de la cour d'appel de Paris. Je les ai côtoyés au Palais de justice pendant des années et, aujourd'hui encore, je continue de les croiser régulièrement. Je n'ai donc aucune envie de m'attaquer à eux...

Un peu déçu, je me gardai cependant de juger la position de François Gibault. Pendant plus de quinze ans, qu'il pleuve ou qu'il vente, cet avocat talentueux et passionné m'avait épaulé sans jamais faillir dans l'épuisant combat que j'avais mené pour faire condamner Dieter Krombach. Souvent, je l'avais vu ruer dans les brancards ou bousculer les usages judiciaires, au risque de froisser des piliers de l'institution. Pas une seule fois, en revanche, je ne l'avais connu aussi prudent... Nous décidâmes d'un commun accord que notre collaboration s'arrêterait là.

*
**

Peu de temps après ce « divorce » à l'amiable, j'eus la chance de rencontrer Me Laurent de Caunes, le pénaliste toulousain qui avait récupéré certains des dossiers de Me Roger Merle lorsque celui-ci avait pris sa retraite. Au printemps, nous convînmes d'un premier rendez-vous lors duquel je lui exposai les grandes lignes de mon projet. Avant de se déterminer, il demanda à pouvoir consulter l'intégralité du dossier. Je lui communiquai donc l'ensemble des pièces dont je disposais. De semaine en semaine, nous eûmes plusieurs réunions de travail jusqu'à ce que, fin juin, il me reçoive finalement pour me livrer son point de vue.

– Ce que vous m'avez fait lire est effarant ! C'est bien simple : jamais, jusqu'à présent, je n'avais vu un dossier pareil. Si vous êtes décidé à poursuivre, je serai enchanté de vous accompagner dans ce procès. Il existe en effet, j'en suis convaincu, de multiples angles d'attaque pour démontrer la corruption intellectuelle de ces magistrats...

Soulagé d'entendre que je ne serais pas seul, désormais, à me battre contre des moulins, j'acceptai sans hésiter sa proposition. Comme c'est l'usage chaque fois qu'un avocat entreprend de mettre en cause une autorité publique, Me de Caunes informa le bâtonnier de Toulouse de nos intentions. Puis nous commençâmes à travailler sur un projet de plainte pour « entraves à la justice et corruption » qui, le 29 août 2002, fut enregistré par le doyen des juges d'instruction du tribunal de grande instance de Paris.

L'ancien procureur général de Paris Jean-François Burgelin constitua notre première cible. Le peu de diligence qu'il avait mis à obtenir l'extradition de Krombach, en effet, était au minimum surprenant. En toute logique, il aurait dû lancer un mandat d'arrêt international à l'encontre du médecin allemand dès qu'il avait eu connaissance de l'arrêt de la chambre de l'instruction qui, rendu en avril 1993, comprenait une ordonnance de prise de corps. Or il n'en fit rien. Lorsque, deux ans plus tard, Dieter Krombach fut condamné à quinze ans de réclusion criminelle par la cour d'assises de Paris, le chef du parquet général ne réagit pas davantage. Il fallut attendre août 1996, je l'ai déjà dit, pour que la pression médiatique conduise la justice à se réveiller. Encore cette réaction fut-elle bien timide, puisque le mandat ne fut d'abord transmis que dans trois pays d'Europe où Krombach, il fallait en convenir, avait fort peu de raisons de séjourner.

– S'agissant d'une affaire criminelle dans laquelle l'accusé encourt la réclusion à perpétuité, un tel retard au démarrage est tout simplement incompréhensible, estima Me de Caunes alors que nous préparions le texte de la plainte.

Parce que nous entendions viser tous azimuts, nous tentâmes également de mettre en évidence le comportement anormal des trois magistrats qui avaient eu à juger Dieter Krombach, le 9 mars 1995. Indépendamment du fait qu'ils s'étaient crus autorisés à disqualifier les actes meurtriers dont le médecin était initialement accusé, Didier Wacogne et ses deux assesseurs avaient curieusement balayé les deux circonstances aggravantes retenues par la chambre de l'accusation. Dans leur arrêt d'avril 1993, les magistrats avaient relevé que l'homicide volontaire avait été commis sur une mineure de moins de quinze ans par son beau-père ayant autorité sur elle. Or, aucune de ces deux circonstances ne fut prise en compte à l'audience – si bien que la peine encourue chuta opportunément de la perpétuité à quinze années de réclusion criminelle, sans la moindre explication.

Notre troisième axe d'attaque visait à mettre en cause l'attitude du trésorier-payeur général ainsi que celle de Jean-Louis Nadal, qui exerçait en 2001 la fonction de procureur général de Paris, où il succédait à Jean-François Burgelin et Alexandre Benmakhlouf. Dans les mois qui avaient suivi la publication de l'arrêt de la Cour européenne des droits de l'homme, ces deux hauts fonctionnaires avaient rendu plusieurs décisions parfaitement illégales qui avaient eu pour effet de servir les intérêts financiers de Dieter Krombach. La France, on le sait, avait été condamnée par le tribunal européen à verser à celui-ci une somme de cent mille francs au titre de ses frais de justice. J'avais aussitôt demandé que cette somme soit mise sous séquestre, et confisquée au titre de la sentence civile dont Krombach avait écopé pour avoir causé la mort de Kalinka. Dans la mesure où il me devait trois cent cinquante mille francs de dommages et intérêts depuis le verdict de 1995, il était bien normal que l'unique bien dont il disposât sur le sol français me fût transmis avant qu'il puisse en jouir. En soi, je n'accordais guère de valeur à cet argent mais il s'agissait, à l'époque, du seul moyen dont je disposais pour faire appliquer une petite partie de la condamnation. Or Jean-Louis Nadal et le trésorier-payeur général s'étaient opposés à cette saisie. J'avais été profondément blessé à l'idée que l'unique priorité des autorités françaises, tant au ministère des Finances qu'à la Chancellerie, était de faire en sorte que Krombach récupère au plus vite son argent – quitte à malmener la loi pour atteindre ce résultat.

L'ensemble de ces dysfonctionnements, j'en avais la conviction, étaient nécessairement le fruit d'un mécanisme de corruption intellectuelle qui avait paralysé de nombreux magistrats à divers niveaux de la chaîne pénale. Bien sûr, aucun d'entre eux n'avait reçu d'argent en échange de la protection indirecte accordée à Krombach. En revanche, tous avaient accepté de ralentir des procédures pour complaire à leur hiérarchie.

À force de fréquenter la bibliothèque de la faculté de droit de Toulouse et d'arpenter le code de procédure pénale, j'avais fini par débusquer les qualifications susceptibles de s'appliquer à de tels agissements. Selon moi, tous ces magistrats devaient être jugés pour « entrave à la justice et corruption ». Ce délit, qui consiste à « solliciter ou agréer, sans droit, directement ou indirectement, des avantages quelconques pour l'abstention d'un acte de sa fonction », était alors puni de dix ans d'emprisonnement et de cent cinquante mille euros d'amende. En cas d'infraction commise au profit d'une personne faisant l'objet de poursuites criminelles – ce qui était manifestement le cas de Krombach –, la peine maximale, qui devenait alors « criminelle », était portée à quinze ans de réclusion et deux cent vingt-cinq mille euros d'amende.

J'imaginais bien, au moment de déposer ma plainte, que les fées du ministère de la Justice ne tarderaient pas à se pencher sur son berceau. De fait, j'appris vite que cette procédure, sitôt enregistrée au tribunal de grande instance de Paris, avait été « signalée » à la Chancellerie. Le signalement, qui est en principe utilisé pour les affaires les plus « sensibles » ou les plus médiatiques, impose aux magistrats du parquet qui les suivent d'informer leur hiérarchie en temps réel sur chaque étape importante du déroulement de ces affaires. En d'autres termes, le procureur rend compte au garde des Sceaux, via le parquet général et la direction générale des Affaires criminelles et des Grâces, de toutes les investigations significatives entreprises par le juge d'instruction. Chaque fois qu'il l'estime nécessaire, le ministre transmet en retour des instructions à son parquet, qui s'en inspire pour prendre position sur les actes envisagés par le juge. De la sorte, le pouvoir politique peut tenter d'orienter ou de retarder les investigations menées par le magistrat instructeur – même si celui-ci demeure en principe parfaitement indépendant de toute hiérarchie.

Sans soupçonner encore les blocages que ce signalement allait à terme entraîner dans le traitement de ma plainte, je compris en tout cas que les plus hauts magistrats parisiens étaient bien décidés à l'empêcher de prospérer. Rapidement, en effet, j'entendis dire que le parquet général envisageait de faire « dépayser » l'affaire, officiellement pour garantir l'impartialité et la sérénité de la réflexion des magistrats qui auraient à l'étudier. Il est vrai que Jean-Louis Nadal, qui était l'une de mes principales cibles, occupait encore la fonction de procureur général à Paris. Sans doute considéra-t-il qu'il serait inconfortable de représenter le ministère public dans une procédure qui visait à lui imputer de graves manquements professionnels... Le 15 janvier 2003, la chambre criminelle de la Cour de cassation lui donna satisfaction en choisissant de confier le dossier à un magistrat de la cour d'appel de Versailles.

*
**

Après avoir bataillé entièrement seul durant près de deux décennies, je pus heureusement compter sur l'aide de quelques proches au moment d'affronter les désillusions en série que l'institution judiciaire, une fois de plus, était sur le point de m'imposer. L'année précédente, je l'ai dit, un petit groupe d'amis et de voisins de Pechbusque avait créé l'association « Justice pour Kalinka » afin de m'épauler dans mes démarches. Au second semestre 2002, cette structure recensait quelque trois cents membres très motivés. Pour la première fois, je pouvais donc compter sur le soutien et l'empathie de personnes qui, parce qu'elles avaient pris la peine de se renseigner sur mon dossier, étaient déterminées à faire le siège du ministère de la Justice pour m'aider à obtenir gain de cause.

Fin 1999, au moment de prendre ma retraite, j'avais songé, pour la première fois, à sensibiliser quelques interlocuteurs choisis à l'immense déni de justice dont j'étais victime depuis le meurtre de ma fille. Jusqu'alors, seules quelques relations très proches, tel le parrain de Kalinka ou celui de Nicolas, ainsi qu'un couple d'amis installé au Maroc, connaissaient les grandes lignes de mon marathon procédural. Début 2000, sur leurs conseils, j'ai résolu de consacrer du temps à la création d'un site Internet qui relaterait en détail les différentes étapes de l'affaire. Peu de temps après, à l'initiative d'un entrepreneur parisien qui avait entendu parler de mon affaire, j'ai aussi entrepris de lancer une pétition en ligne pour dénoncer la passivité des institutions judiciaires françaises. Lorsque celle-ci fut accessible sur Internet, j'en ai imprimé quelques centaines d'exemplaires et je les ai distribués, accompagnés d'une petite note d'explication, dans les boîtes aux lettres du village et de ses environs.

Au fil des semaines qui ont suivi, de nombreux habitants de Pechbusque sont venus me trouver pour me dire leur sympathie et, souvent, leur étonnement. Certains, que je connaissais de vue depuis plus de vingt ans, avaient été surpris d'apprendre que j'avais ainsi pu vivre parmi eux sans jamais rien leur dire de l'injustice à laquelle j'étais confronté. Touchés, nombre de mes voisins se mirent à parler de mon combat dans leur entourage. C'est ainsi qu'un jour, un inconnu me téléphona pour me proposer de créer une association dédiée à la mémoire de Kalinka.

– Je m'appelle Robert Pince et j'ai entendu parler de vous par ma sœur, m'annonça-t-il. Elle m'a raconté votre histoire et je dois vous dire que ce récit m'a bouleversé. Dans la mesure où j'ai une certaine expérience de la vie associative, je serais donc heureux de pouvoir vous venir en aide...

Avant de se lancer, cet homme d'un abord plutôt liant m'a cependant demandé de lui retracer les grandes étapes de l'affaire.

– Si je dois m'impliquer à vos côtés, je voudrais me faire ma propre opinion, m'a-t-il précisé.

À plusieurs reprises, nous avons donc passé de longues heures à évoquer les différentes procédures judiciaires diligentées après la mort de Kalinka. Je lui ai montré les principaux documents qui se trouvaient en ma possession, il m'a posé de nombreuses questions. Puis, un beau jour, il m'a annoncé que je pourrais dorénavant compter sur son aide.

En avril 2001, la première assemblée générale de l'association, organisée dans la salle municipale de Pechbusque, a réuni une trentaine de personnes scandalisées par la mansuétude dont Dieter Krombach avait bénéficié. Leur colère, leur réprobation, mais aussi leur empathie à mon endroit m'ont apporté une immense bouffée d'oxygène. Jusqu'alors, j'avais préféré ne rien attendre de l'action collective. Ce jour-là, cependant, je commençai à croire que l'union pourrait faire notre force.

Rapidement, les membres de l'association ont foisonné d'idées. Des « cartes-pétition » ont été diffusées, des courriers officiels ont été adressés à tout ce que le pays comptait d'autorités susceptibles d'être concernées par l'affaire Krombach. Dans le même temps, des inconnus se mirent à adhérer depuis les quatre coins de France mais aussi depuis l'Espagne, le Canada, l'Afrique et même l'Allemagne...

À partir de 2002, mon combat judiciaire fut incontestablement dopé par la présence à mes côtés de l'association. Circonstance notable, certains de ses adhérents adoptèrent face aux médias et aux autorités une position bien plus intransigeante que la mienne. À leurs yeux, je ne devais en aucun cas me laisser décontenancer par l'attitude de la justice française. Krombach, me répétaient-ils sans cesse, était un dangereux criminel qui ne pouvait rester impuni. Je n'avais donc le droit ni de douter, ni de céder au découragement...

Tandis que j'étais logiquement resté focalisé sur le déni de justice infligé à Kalinka, les piliers de l'association s'appliquèrent à faire connaître l'inquiétante personnalité du médecin qui, indépendamment du meurtre de ma fille, pouvait être soupçonné de plusieurs autres crimes. Dans les semaines qui avaient précédé son procès pour le viol de Laura Stehle à Kempten, je le répète, plusieurs femmes avaient porté plainte contre lui pour de semblables agressions. Leurs témoignages, s'ils n'avaient pas été retenus par la justice, avaient alors jeté une étrange lumière sur le personnage de Krombach.

Depuis de nombreuses années, en outre, je savais que sa première épouse avait trouvé la mort dans des circonstances étranges. En 1983, peu après que des journaux bavarois eurent relaté mon arrestation par la police de Lindau alors que je distribuais des tracts sur la mort de Kalinka, j'avais en effet été contacté par la mère de cette jeune femme. Terriblement émue, celle-ci avait tenu à me raconter les circonstances du décès de sa fille qui, à l'âge de vingt-quatre ans, avait été emportée en moins de quarante-huit heures par une maladie aussi foudroyante qu'inexpliquée. Dans leur rapport d'autopsie, les médecins légistes avaient évoqué une possible thrombose. Sans conviction, ils avaient aussi indiqué que le décès pouvait avoir été entraîné par des effets secondaires de son traitement contraceptif. Pour leur part, les policiers avaient relevé que le docteur Krombach s'était vigoureusement opposé au choix du traitement prescrit à sa femme lors de son agonie. Selon un témoin, il avait même pris la responsabilité de lui administrer une injection de venin de serpent supposée la guérir...

Malgré ces éléments troublants, les médecins avaient considéré que les causes du décès ne pouvaient être formellement établies. Au terme de brèves investigations, l'enquête avait donc été classée sans suite.

Troublée par les nombreuses similitudes entre le décès de sa fille et celui de Kalinka, la mère de la jeune femme se tourna vers la Justice. Fin 1983, l'enquête fut brièvement rouverte. Puis elle fut close par les magistrats...

*
**

L'enthousiasme de mes nouveaux compagnons de route ne fut pas de trop pour m'aider à affronter, une fois de plus, l'immobilisme des magistrats. Rapidement, en effet, je fus contraint de constater que ma plainte incommodait considérablement le corps judiciaire. La transmission du dossier entre Paris et Versailles s'éternisa d'abord durant de longues semaines. Puis, en juin 2003, le deuxième juge d'instruction prononça un refus partiel d'informer au motif parfaitement contestable qu'une partie des faits étaient prescrits. Par la suite, nombre de mes demandes d'actes furent rejetées sans justification par les quatre juges successivement chargés d'instruire ma plainte.

Après d'interminables années d'attente, durant lesquels mon affaire semblait avoir été purement et simplement mise en sommeil, les juges d'instruction finirent cependant par obtenir progressivement la communication d'une grande partie du « dossier Krombach », conservé au ministère de la Justice. Dès que je pus en prendre connaissance, je découvris l'envers du décor sur lequel j'avais constamment buté depuis mars 1995. En parcourant les notes internes, les rapports, les échanges de correspondance, je touchai du doigt le profond embarras avec lequel les magistrats avaient constamment manié ce dossier brûlant pour les relations franco-allemandes.

Avec stupéfaction, j'appris ainsi que le sous-directeur des Affaires criminelles, Laurent Le Mesle, avait rédigé le 30 mars 1995, soit trois semaines seulement après la condamnation par contumace de Dieter Krombach, une dépêche au ton ahurissant destinée au procureur général de Paris.

> « Par votre dernier rapport visé en référence, vous m'informiez de la condamnation prononcée

par contumace par la cour d'assises de Paris à l'encontre de M. Dieter Krombach, pouvait-on lire dans ce courrier confidentiel. Je vous serais très obligé de ne pas procéder à l'exécution de cet arrêt sans m'en avoir, au préalable, rendu compte. »

La réponse de Jean-François Burgelin, dont je pris connaissance en même temps, me dévoila l'état de malaise dans lequel mon dossier les avait, de toute évidence, plongés.

« Par les rapports visés en référence, je vous ai fait part des difficultés particulières qui s'attachaient à l'exécution de l'arrêt de la cour d'assises de Paris, avait écrit le procureur général de Paris, le 19 avril 1996.

Conformément aux termes de votre dépêche du 30 mars 1995, l'exécution de cet arrêt est suspendue.

Par la lettre du 12 avril 1996, dont vous trouverez ci-joint la copie, M^e^ François Gibault, avocat de M. Bamberski, partie civile, m'indique qu'il trouve "surprenant" que le parquet général ne procède pas à cette exécution.

Cette lettre évoque les différents moyens de pression que pourrait utiliser M. Bamberski : plainte sur le fondement de l'article 434-7 du code pénal, campagne de presse, assignation de l'État en dommages et intérêts.

J'ai par ailleurs reçu M^e^ Gibault qui a souligné la détermination de son client à obtenir l'exécution de l'arrêt de la cour d'assises. Je lui ai indiqué qu'en ce qui me concerne, je vous rendrais compte de la situation mais qu'en l'état, je n'avais pas l'intention de procéder à l'exécution sollicitée.

Je lui ai fait valoir notamment que j'avais été informé que le docteur Krombach avait saisi, au mois de décembre dernier, la Commission européenne des droits de l'homme d'un recours contre la France et qu'il m'apparaissait opportun d'attendre la décision de cette instance avant de se prononcer sur la mise à exécution de l'arrêt de condamnation. (...) M^e^ Gibault considère que son client ne se satisferait certainement pas d'attendre la décision de la Commission.

J'ai l'honneur de vous prier de m'adresser vos instructions sur la suite qu'il y a lieu de donner à cette affaire dont on ne saurait trop souligner le caractère délicat. »

En résumé, Laurent Le Mesle a demandé à Jean-François Burgelin de « ne pas exécuter l'arrêt sans lui en avoir au préalable rendu compte » ; Jean-François Burgelin, dans sa lettre, prouve qu'il a compris dans ces mots que l'arrêt était suspendu ;

Laurent Le Mesle apparemment ne l'a pas contredit ; conclusion : je comprends pour ma part les arcanes grâce auxquels le meurtrier de ma fille a bénéficié si longtemps d'une parfaite impunité.

Plus explicite encore, Jean-François Burgelin avait précisé dans un rapport daté du 27 novembre 1995 :

> « Je dois vous signaler que j'ai eu l'occasion d'évoquer fortuitement cette question avec M. Friedrich Catoir, premier conseiller à l'ambassade d'Allemagne à Paris, qui rendait visite au Palais de Justice. Ce diplomate, qui suit le problème depuis plusieurs années et connaît bien le dossier, ne m'a pas dissimulé la profonde irritation que causait en Allemagne la condamnation par contumace d'un sujet allemand qui avait bénéficié d'une décision disant n'y avoir lieu à suivre.
>
> Je pense en conséquence qu'il serait opportun, avant de procéder à la mesure d'exécution sollicitée, que votre Chancellerie prenne l'attache de l'ambassade d'Allemagne à Paris. »

On ne pouvait présenter les choses de façon plus claire...

Plusieurs autres documents versés au dossier de l'instruction me dévoilèrent l'étendue du mépris dont les fonctionnaires du ministère de la Justice avaient fait preuve à mon endroit durant toutes ces années. Leur lecture suscita en moi un mélange d'amertume, d'abattement et de révolte.

En juillet 2000, le sous-directeur du droit pénal général et international, Jean-Baptiste Carpentier, avait ainsi adressé au cabinet du garde des Sceaux une note interne pour l'informer de mes récentes démarches. Par divers courriers adressés tous azimuts, je cherchais à l'époque à obtenir la copie d'une « note verbale » communiquée par l'Autriche à la France afin d'expliquer son récent refus d'extrader Dieter Krombach. À mes yeux, il était essentiel de connaître les arguments par lesquels Vienne pouvait justifier un tel déni de justice. Or, ma curiosité n'avait manifestement pas eu l'heur de plaire aux hauts fonctionnaires de la Chancellerie.

> « Avec sa lettre du 4 juillet 2000 au vice-président du Conseil d'État, M. André Bamberski poursuit son harcèlement des autorités françaises, avait en effet indiqué l'auteur de cette note interne. Dans le style mesuré qu'il adopte ordinairement dans ses lettres comme dans ses incessants appels téléphoniques à la direction des Affaires criminelles et des Grâces, il dénonce à

nouveau une “collusion à très haut niveau”. Il est à noter que “la soumission ancienne de la France à l’Allemagne” évoquée dans une lettre du 6 juin 2000 a fait place à “la connivence entre les autorités françaises et allemandes”.

Le seul élément intervenu dans ce dossier depuis la remise en liberté de M. Dieter Krombach, que M. Bamberski accuse d’avoir violé et assassiné sa fille en 1982, est la note verbale du 18 mai 2000 par laquelle le ministère des Affaires étrangères autrichien a informé notre ambassade à Vienne du rejet sur le fond de la demande d’extradition formulée par la France. Comme la remise en liberté décidée au mois de février 2000, ce rejet est motivé par l’existence d’une décision allemande définitive de mise hors de cause de M. Krombach.

Il ne me semble pas d’usage de communiquer aux parties les notes verbales échangées entre autorités gouvernementales. Pas davantage que les précédentes démarches d’explication accomplies à l’égard de M. Bamberski, l’éventuelle communication de cette note ne serait de nature à apaiser sa douleur et son désir de vengeance qui l’ont conduit notamment à suggérer verbalement l’enlèvement de M. Krombach sur le territoire allemand. »

Morgue, dédain, absence totale d'empathie : toute la froideur que l'institution judiciaire m'opposait depuis des années se trouvait condensée là, en quelques lignes. Dans le cadre de leurs communications officieuses, les fonctionnaires de la Chancellerie se plaisaient donc à manier l'ironie lorsqu'ils évoquaient mes démarches. Sous leur plume, j'étais celui qui « harcelait » les autorités françaises. Celui qui « accusait » Krombach d'avoir tué Kalinka – comme si la cour d'assises de Paris n'avait pas validé ces accusations. Bref, on avait pris l'habitude de me présenter comme un fou, qu'aucune concession ne saurait apaiser...

Plus informels encore, certains des courriels échangés au sein du ministère de la Justice me persuadèrent que j'étais devenu une sorte de hochet que les hauts fonctionnaires, mi-embarrassés, mi-exaspérés, finissaient par manier avec une certaine brutalité.

Le 12 janvier 2001, j'y ai déjà fait allusion, Jean-Hugues Gay, chef du Bureau d'entraide pénale internationale, avait écrit à son supérieur :

> « Comme on pouvait s'y attendre, M. Bamberski a lancé le médiateur de la République à nos trousses. Une de ses collaboratrices a tenté de me contacter hier pendant que j'étais absent et

devrait me rappeler aujourd'hui. Je tiens déjà une partie de mon sujet : M. Bamberski ne lui aura sûrement pas tout dit et je devrais pouvoir lui donner un éclairage plus favorable de l'affaire que n'a pu le faire le requérant. Mais *quid* d'une véritable proposition ? Toute suggestion, réflexion, instruction ou autre sera la bienvenue. »

Dans un deuxième courrier électronique envoyé une heure plus tard, le même jour, le ton du fonctionnaire se faisait plus confiant :

« J'ai eu les services du médiateur. Ils se sont montrés perméables à notre façon de voir (et de s'interroger), concluant que donner des leçons de droit international à l'Allemagne alors que nous risquons d'être condamnés à Strasbourg pour cette affaire serait une sottise. Pour eux, c'est clair, M. Bamberski a "pété les plombs" *(sic)*. En gros, ils suggèrent que nous leur renvoyions M. Bamberski chaque fois qu'il nous appelle (là, c'est un peu trop !). Ils vont saisir le réseau des médiateurs européens pour chercher à définir une solution équitable, s'il en existe. Je n'ai pas cru devoir m'opposer à ce projet. Reste cette question : que fait-on à l'égard du parquet général de Paris ? Je propose de ne pas nous manifester pour le moment. »

Une semaine plus tard, un autre échange électronique avait complété le tableau.

Le 18 janvier 2001, à dix-sept heures trente-trois, Jean-Hugues Gay écrivait :

« Alors que l'on ne s'y attendait plus, le parquet général de Paris nous a fait parvenir le dossier Krombach. Il y a de quoi caler tous les meubles bancals de la Chancellerie. »

Douze minutes plus tard, son supérieur répondait :

« Ça faisait longtemps que je n'en avais plus entendu parler... Il me semble nécessaire de ressaisir le cabinet pour avis sur la suite à donner à cette affaire, compte tenu de l'attitude de M. Bamberski et des perspectives de la Cour européenne des droits de l'homme... »

Le dossier Krombach, décidément, était devenu une sorte de patate chaude que l'on se refilait de bureau en bureau en espérant que la partie civile finirait par se décourager...

*
**

Malgré mes demandes répétées, les juges d'instruction successifs attendirent longtemps avant de convoquer les hauts magistrats dont la responsabilité était mise en cause. Plusieurs fois, on me fit comprendre qu'il ne serait pas convenable d'entendre pour de telles broutilles des personnalités aussi considérables que Jean-François Burgelin, Alexandre Benmakhlouf, Jean-Louis Nadal, Laurent Le Mesle ou Didier Wacogne ! Un instant, il fut même envisagé de leur faire poser des questions par écrit, afin de limiter le désagrément qu'une telle démarche était susceptible de leur causer...

Finalement, c'est seulement à la fin de l'année 2007 que le juge Nathalie Poux se décida à leur adresser une convocation. Entre-temps, malheureusement, Jean-François Burgelin s'était éteint. Son témoignage, crucial pour la compréhension des blocages qui s'étaient succédé après la condamnation de Krombach, ne put donc pas être recueilli. Dès lors, je ne cessai de me demander ce qu'il aurait répondu si l'on avait eu l'occasion de l'interroger. Aurait-il mis en cause son supérieur hiérarchique, Laurent Le Mesle, qui lui avait ordonné de ne pas demander l'extradition du médecin sans lui en avoir préalablement référé ? Les hauts fonctionnaires alors en poste au ministère de la Justice auraient-ils été contraints de révéler les raisons de leur prévenance envers l'assassin de Kalinka ? Plus de dix ans après les faits, aurais-je enfin découvert les secrets du pacte qui, de toute évidence, liait alors la France à l'Allemagne ?

Faute de mieux, je devrais me contenter des réponses convenues que fourniraient, à n'en pas douter, ceux des hauts magistrats concernés qui pourraient être entendus. Tour à tour, sans doute, ils invoqueraient leurs souvenirs imprécis, protesteraient de leur éthique professionnelle. Comment pouvait-on imaginer que ces représentants de l'élite judiciaire aient trahi leur devoir pour protéger un criminel ? Seul ce vieux fou de Bamberski, décidément, pouvait s'accrocher à pareille ineptie...

# – 9 –

Comme cela s'était déjà produit plusieurs fois depuis la mort de Kalinka, le destin m'adressa un clin d'œil précisément à l'instant où j'étais sur le point de lâcher prise. Le printemps 2006 venait alors de débuter, et l'information judiciaire pour « entrave et corruption » s'enlisait manifestement dans les recoins du palais de justice de Versailles. Quelques mois plus tôt, j'avais appris en consultant le dossier de l'instruction que la France avait raté, dans les tout derniers jours de l'année 2002, une occasion inespérée d'interpeller Dieter Krombach. À l'époque, des policiers allemands avaient transmis à leurs homologues français un message les informant que le meurtrier de Kalinka était sur le point d'effectuer un bref séjour touristique en Égypte. Il aurait alors suffi que Paris demande au Caire de procéder à son arrestation sur la base du mandat d'arrêt international diffusé à la fin des années quatre-vingt-dix. Hélas, rien n'avait été fait et Krombach, le plus sereinement du monde, avait pu regagner la Bavière le 2 janvier 2003.

Accablé par la mise au jour de cette énième bévue, j'avais écrit à Nicolas Sarkozy, alors ministre de l'Intérieur, pour lui demander des explications sur la passivité de ses services. Le 2 mars 2006, il m'avait fait répondre par le directeur général de la police nationale, Michel Gaudin :

> « Monsieur,
>
> Vous avez attiré l'attention du ministre d'État, ministre de l'Intérieur, sur les difficultés que vous rencontrez à la suite du décès de votre fille en 1982.
>
> (...) Il est vrai que les autorités françaises ont eu connaissance d'un voyage de M. Krombach à Louxor. Dès lors, elles auraient pu demander son interpellation en Égypte. Cela n'a pas été fait, non point en raison de protections policières, mais à cause d'une mauvaise appréciation de l'information. Il n'est cependant pas certain que les autorités égyptiennes auraient accédé à cette demande.
>
> Le dossier ne peut actuellement évoluer qu'à l'occasion d'un nouveau déplacement de cette personne dans un pays reconnaissant la validité du mandat d'arrêt européen. »

*
**

Début mai 2006, j'étais encore sur le point de sombrer lorsqu'un courriel en provenance d'Allemagne m'apprit que Krombach, lui aussi, traversait une passe pour le moins délicate. L'homme qui avait abusé de la petite Laura Stehle n'avait jamais cessé d'exercer sa profession de médecin malgré l'interdiction stricte notifiée lors du procès de Kempten. Or il venait d'être « démasqué » par l'une de ses patientes. Celle-ci, une certaine Petra Stephan, s'était présentée au cabinet du praticien alors qu'il effectuait un remplacement en toute clandestinité dans la petite ville de Rödental, au centre de l'Allemagne. Gênée par son attitude lors de la consultation, elle s'était renseignée sur Internet et avait découvert son lourd passé. Dans la foulée, elle prit contact avec moi (elle avait trouvé mes coordonnées sur mon site) pour recueillir de plus amples renseignements avant d'alerter la police.

– Cet homme a vraiment un comportement étrange, expliqua-t-elle à Olivier Karrer, le traducteur qui m'accompagnait dans mes démarches depuis la disparition de mon soutien de la première heure, Roland Berry. Je suis allée le voir parce que mon médecin habituel était en déplacement et j'ai tout de suite été gênée par son attitude ambiguë... De retour chez moi, j'ai regardé sur Internet et j'ai appris qu'il avait longtemps exercé à Lindau, où il jouissait apparemment d'une très bonne réputation sur le plan professionnel. J'avoue que j'ai eu du mal à comprendre comment il avait pu renoncer à la clientèle qu'il avait dans cette ville chic, et très agréable, pour venir s'enterrer dans un trou comme Rödental. En creusant un peu plus, cependant, j'ai fini par comprendre qu'il avait de bonnes raisons de chercher à se faire oublier...

En visionnant un documentaire télévisé consacré aux différentes affaires dans lesquelles Krombach avait été impliqué, Petra Stephan apprit qu'il n'avait jamais pu obtenir la restitution de son autorisation d'exercer la médecine lorsque la période d'interdiction prononcée par le tribunal correctionnel était arrivée à son terme. Depuis lors, il y avait donc tout lieu de penser qu'il avait choisi de gagner sa vie en exerçant dans l'ombre, grâce à la complaisance de cliniques ou de médecins peu regardants.

Scandalisée par ce comportement, Petra Stephan prévint la police qui, après une brève enquête, constata que le médecin venait de quitter la région. À sa grande déception, la plaignante s'entendit expliquer que les fonctionnaires locaux ne pouvaient rien faire s'ils ne connaissaient pas le lieu de résidence du suspect. Elle me rappela pour me demander si je connaissais une adresse permanente à Krombach, je lui répondis qu'il avait un point de chute à Scheidegg. Forte de cette précision, elle put enfin saisir les services de police qui, sans attendre, lancèrent une enquête approfondie sur l'invraisemblable périple qui, depuis 1997, avait conduit Dieter Krombach à sillonner l'Allemagne du sud au nord et d'est en ouest.

En novembre 2006, comme j'avais pris l'habitude de le faire à raison d'un ou deux voyages par an, je me rendis à Bregenz pour m'assurer que Krombach conservait encore un pied-à-terre dans la région du lac de Constance. Comme toujours, j'utilisais cette petite ville autrichienne comme base arrière d'où je pouvais aisément gagner l'Allemagne, où Krombach avait son domicile. Généralement, je profitais de ces séjours pour me renseigner sur son comportement, sur ses habitudes. Une fois sur place, j'allais à la rencontre des habitants et j'engageais la discussion en leur livrant un bref exposé des faits reprochés à l'assassin de ma fille. Au fil des années, j'avais ainsi noué des relations cordiales avec certains habitants de Scheidegg et de Lindau qui, sensibles à mon combat, acceptaient de me livrer quelques informations sur l'attitude du médecin. Malgré la douloureuse expérience vécue lors de ma distribution de tracts à Lindau en 1983, j'avais aussi tissé des liens avec plusieurs policiers qui, aussi bien à la frontière avec l'Autriche qu'à Munich, avaient paru touchés par ma persévérance. Tous ces gens étaient en quelque sorte mes yeux et mes oreilles quand je me trouvais en France. Grâce à eux, j'avais notamment appris que les passages de Krombach dans la région s'étaient raréfiés depuis que, privé de son agrément professionnel, il avait été contraint de courir le pays en quête d'employeurs.

Durant la petite semaine que dura ce séjour, je tentai désespérément de croiser Krombach. Tôt le matin comme tard le soir, ses rideaux demeuraient tirés, les lumières éteintes. La veille de mon retour en France, je me hasardai dans le petit immeuble dans lequel il louait un appartement. En déambulant dans le vestibule, je finis par croiser un vieil homme qui, avec une grande gentillesse, me parla dans un allemand auquel je ne compris rien. « *Polizei* » et « Kempten » furent les deux seuls mots que je pus identifier. Ils me suffirent à comprendre que la justice, lentement mais sûrement, resserrait son emprise sur mon adversaire.

Deux jours après mon retour à Pechbusque, je reçus un nouvel appel de Petra Stephan. Krombach, me confirma-t-elle, avait été arrêté le 20 novembre et placé en détention provisoire dans le cadre d'une enquête pour exercice illégal de la médecine. D'après ce qu'elle m'expliqua, le signalement qu'elle avait adressé aux policiers de Rödental avait eu des résultats inespérés. Rapidement, en effet, les enquêteurs s'étaient aperçus que le médecin, après avoir demandé en vain la restitution de son agrément en 1999, avait commencé une longue errance à travers le pays pour gagner sa vie. Afin de convaincre cliniques et cabinets médicaux de lui ouvrir leurs portes, il avait fabriqué de faux documents administratifs attestant de sa prétendue qualité de médecin en exercice. Au total, l'enquête établit qu'il avait travaillé dans vingt-huit établissements différents pour la seule période allant de 2001 à 2006. Durant cette période, il avait indûment perçu des honoraires évalués à environ trois cent mille euros. Il avait évidemment dissimulé la condamnation pour « abus sexuel d'une personne vulnérable » prononcée en 1997. En outre, il avait manifestement pris soin de limiter la durée de chaque vacation à quelques semaines, quelques mois tout au plus. Toujours, il avait repris la route – s'appliquant à passer régulièrement dans les environs de Lindau, où sa dernière fille vivait encore.

Indépendamment de l'inculpation principale, Krombach avait aussi été poursuivi pour escroquerie. Au fil de leurs investigations, les policiers établirent en effet que ses prestations avaient donné lieu à des remboursements par les organismes sociaux, grâce aux faux documents administratifs qu'il produisait. Par ailleurs, lorsque son interpellation fut médiatisée, certaines patientes se firent connaître pour dénoncer son comportement entreprenant à leur endroit. Dans les semaines qui précédèrent l'ouverture de son procès à Coburg, j'appris enfin que l'arrestation du médecin avait donné lieu à de très étranges découvertes. Lorsqu'ils étaient arrivés à son domicile, les policiers l'avaient en effet trouvé en train de préparer de volumineux bagages. Quelques vérifications leur apprirent que Krombach était sur le point de quitter l'Europe pour un séjour de longue durée en Afrique. Circonstance troublante, d'après la déposition du fonctionnaire de police qui avait réalisé la perquisition, l'une des valises qu'il s'apprêtait à emporter avec lui était bourrée de billets de banque. Dans l'un de ses bagages, en outre, les fonctionnaires trouvèrent un pistolet et des munitions pour lequel il ne disposait d'aucune autorisation, ainsi que deux seringues remplies d'un liquide de couleur rouge dont, aujourd'hui encore, j'ignore la nature.

*
**

Grâce aux informations que Petra Stephan me transmettait régulièrement, je pus m'organiser pour être présent au procès qui devait s'ouvrir le 16 juillet 2007. Comme cela avait été le cas à Kempten, il était prévu que mon traducteur habituel m'accompagnerait. En outre, le président de l'association Justice pour Kalinka, Robert Pince, exprima le souhait d'être présent à mes côtés.

L'audience, qui se déroula sur deux jours, fut plus instructive encore que je ne l'avais espéré. Krombach, décidément, se révélait impénétrable. J'avais beau le traquer depuis des années, l'espionner, interroger ses voisins, suivre chacun de ses rendez-vous avec la justice : l'homme continuait de me dérouter.

Un expert psychiatre, qui avait eu l'occasion de l'examiner quelques années plus tôt alors qu'il demandait à pouvoir reprendre l'exercice de sa profession, vint présenter à la barre le rapport qu'il avait rédigé à l'époque. Décrivant un prévenu « supérieurement intelligent », il souligna son tempérament « caractériel » et « narcissique », évoquant aussi ses comportements « déviants », « histrioniques », « hystériques par la sexualisation de la pensée ». Une succession de termes difficilement compréhensibles, qui me permettait néanmoins de réaliser qu'un médecin, pour la première fois, venait d'exposer publiquement les traits profondément inquiétants de la psychologie de Dieter Krombach. Le prévenu, conclut-il, se pensait au-dessus des lois. Depuis longtemps, il croyait ne pas avoir à les respecter.

Lors de cette même audience, deux patientes témoignèrent des comportements déplacés dont Krombach avait fait montre à leur endroit. L'une évoqua des caresses sur ses seins, sur son ventre, sur ses fesses. Il avait insisté, assura-t-elle, pour la prendre en photo, lui faire des cadeaux. Le second témoin, une jeune femme, raconta comment le praticien avait fait preuve du plus extrême cynisme en lui affirmant, à tort, qu'elle souffrait d'une maladie de cœur nécessitant une prise en charge quotidienne. Il avait réussi à l'effrayer en lui assurant que son état de santé risquait de dégénérer si elle ne le voyait pas tous les matins. À chaque consultation, il la faisait se déshabiller, il lui massait le ventre...

Krombach, cette fois, n'avait pas commis de viol sur ses patientes. Leurs témoignages, cependant, suffisaient à dévoiler l'extrême perturbation psychologique dans laquelle cet homme avait fini par s'enfermer.

Au second jour d'audience, le procès fut bousculé par l'intervention imprévue d'une femme qui, d'autorité, tenta de prendre la parole. Se présentant comme la mère du docteur Grosse, le médecin que Krombach avait remplacé à Rödental à partir de février 2006, elle révéla que son fils avait, le 25 janvier de la même année, trouvé la mort dans des circonstances qui lui avaient paru suspectes. Officiellement, la police avait conclu à un suicide mais elle s'était refusée à y croire. Son fils avait pour compagne la secrétaire médicale de son cabinet, qui connaissait bien le docteur Krombach, puisqu'elle était aussi originaire de Lindau. Or, après la mort suspecte du docteur Grosse, Krombach avait récupéré sa clientèle et sa secrétaire, dont il était devenu l'amant.

– Je veux que votre tribunal se penche sur la mort de mon fils, supplia la mère endeuillée.

Mais ce n'était pas l'objet du procès : le président l'interrompit rapidement et menaça de faire évacuer la salle si elle ne gardait pas le silence.

Krombach réagit à peine à ce coup de théâtre. Il paraissait las, éprouvé. Contrairement à ce qui s'était produit à Kempten, je fus d'ailleurs surpris de constater, par la suite, qu'il ne manifestait lors de cette audience aucune forme d'arrogance. Lorsqu'il m'aperçut, devinant que j'allais demander que le meurtre de Kalinka soit abordé à l'audience, il se contenta d'affirmer que ces faits ne pouvaient être évoqués en vertu du principe *Non bis in idem*. Le président, de toute façon, n'avait aucune envie de se compliquer la vie en débattant d'une affaire vieille de vingt-cinq ans dont il ne savait que ce qu'il avait lu dans la presse...

Lors de son réquisitoire, le procureur reprocha à Krombach d'avoir jeté le « discrédit » sur la profession médicale avant de réclamer une peine de trois ans et trois mois de prison ferme, assortie d'une interdiction à vie d'exercer la médecine. Face à lui, l'éternel Steffen Ufer, avocat du meurtrier de Kalinka après avoir un temps défendu mes intérêts, dénonça le complot ourdi, selon lui, par les médias contre son client. Si le praticien s'était obstiné à exercer, c'était, assena-t-il, par « passion » pour son métier. Dans ces conditions, le tribunal ne pouvait envisager de le juger avec sévérité...

À l'issue d'un bref délibéré, Dieter Krombach fut condamné à vingt-huit mois de prison. Compte tenu de son âge – il avait alors soixante-douze ans – le tribunal ne jugea pas utile de lui interdire de nouveau l'exercice de sa profession. Le soir même, Krombach retourna en prison. Il y demeura jusqu'au 10 juin 2008.

*
**

Depuis quelques années, l'association avait entrepris de nombreuses actions visant à sensibiliser l'opinion au combat que je menais depuis 1982. Indépendamment de la pétition qui continuait de s'enrichir, diverses manifestations de soutien furent organisées. En 2002, plusieurs dizaines de personnes bâillonnées, qui portaient des affiches représentant le visage de Kalinka, s'étaient rassemblées devant le consulat d'Allemagne à Toulouse. À Bordeaux, la représentation diplomatique allemande avait accepté d'organiser une réunion lors de laquelle le bureau de l'association put exposer les motifs de son action. À plusieurs reprises, enfin, les responsables de Justice pour Kalinka furent reçus à la Chancellerie pour évoquer le suivi du dossier par l'autorité judiciaire.

Ces responsables étaient parfois, je l'ai déjà dit, plus déterminés que moi. Ils entrevoyaient mieux, en outre, certains obstacles qui s'opposaient à la progression de nos affaires. Assez rapidement, ils me sondèrent donc sur la position de Danielle, la mère de Kalinka, et cherchèrent à savoir s'il n'y avait pas moyen de l'impliquer d'une façon ou d'une autre dans notre mobilisation.

– Tu comprends, me dirent-ils, la première réaction des gens lorsqu'ils entendent parler de ton histoire, c'est de s'interroger sur l'attitude de la mère... Ils ne comprennent pas bien qu'elle reste à l'écart de tout ça et finissent par se demander pourquoi elle ne partage pas ta détermination à faire éclater la vérité.

De leur propre initiative, les membres du bureau chargèrent la trésorière de prendre contact avec mon ex-femme pour, en quelque sorte, tâter le terrain. Un rapprochement était-il concevable ? Pouvait-elle envisager de soutenir, au moins par écrit, l'action de l'association ? En février 2000, pour la première fois depuis la mort de Kalinka, Danielle avait amorcé un début d'ouverture en accordant un court entretien à *La Dépêche du Midi*. Bien avant le procès de Kempten, lors duquel l'intérêt de

Krombach pour les très jeunes femmes était apparu au grand jour, le couple s'était séparé et la mère de Kalinka était rentrée vivre dans la région de Toulouse. Devant la journaliste, elle avait déclaré :

– La mort de ma fille est un traumatisme, un choc. Depuis dix-huit ans, ça n'a pas arrêté. Je ne peux rien dire. Dans la nuit du 9 juillet 1982, je n'ai rien vu, rien entendu. Ce que je sais, c'est que Dieter Krombach s'est toujours montré gentil avec mes enfants. Sinon, je ne serais pas restée avec lui. Par la suite, il m'a fait beaucoup de mal, à moi. Mais je ne sais pas s'il est responsable de la mort de ma fille. Je serais contente que Dieter soit jugé pour savoir s'il est coupable ou innocent. Oui, il faut qu'il soit jugé...

Néanmoins, comme je m'y attendais, la tentative de rapprochement se révéla peu fructueuse. Danielle accepta de rencontrer la trésorière de l'association mais elle campa fermement sur son refus de participer aux actions de Justice pour Kalinka. Tout juste accepta-t-elle d'affirmer qu'elle en approuvait les objectifs. Faute de mieux, les membres du bureau décidèrent de créer une page sur leur site Internet pour présenter la position de mon ex-épouse.

– Cela permettra de désamorcer les interrogations que les gens peuvent légitimement concevoir lorsqu'ils s'aperçoivent qu'elle reste à l'écart...

Quoique toujours très remonté contre Danielle, j'acceptai de mettre un peu d'eau dans mon vin en songeant que celle que j'avais rencontrée à mon arrivée au Maroc était une personne intelligente, sensible, raisonnable. Nous avions été follement amoureux, le décès de notre enfant chérie devait en toute logique nous rapprocher. Or elle avait immédiatement manifesté la volonté d'ignorer ce passé commun, refusant de s'intéresser à l'enquête...

Bizarrement, elle n'avait exprimé aucun sentiment de culpabilité, comme si la mort de notre fille était un simple accident du destin qu'aucune précaution n'aurait pu empêcher.

Cette attitude me paraissait d'autant plus étonnante que j'étais moi-même tenaillé par un vif remords, me reprochant d'avoir accepté, malgré mes réticences, que Kalinka parte vivre en Allemagne. Plus tard, des entretiens avec certains des psychologues que je consultais lorsque j'allais trop mal me livrèrent un éclairage sur le mécanisme qui avait pu conduire mon ex-épouse à se comporter ainsi.

– Il arrive, dans des cas très rares, qu'une mère cherche à se détourner totalement de l'enfant disparu pour effacer l'immense souffrance qu'entraîne son absence, m'expliqua l'un de ces spécialistes.

*
**

Malgré l'hostilité de Danielle, malgré l'adversité constante des institutions judiciaires, le procès de Coburg m'avait conforté dans la certitude que l'énergie jetée depuis vingt-cinq ans dans mon combat n'avait pas été dépensée en vain. Krombach, j'en avais une nouvelle fois obtenu la preuve éclatante, était un homme dangereux que rien, pas même la peur, ne pouvait arrêter. Que serais-je devenu si, comme on me l'avait si souvent conseillé, j'avais laissé tomber pour préserver ma petite vie tranquille ? Aurais-je encore pu me regarder dans une glace si j'avais cru la mère de Kalinka lorsqu'elle m'avait affirmé, la main sur le cœur, que son mari était incapable de faire du mal à une enfant ? Qu'aurais-je ressenti en entendant, quinze ans après la mort de ma petite fille, le témoignage de la jeune Laura Stehle, brisée à peu près au même âge par Dieter Krombach ? Qu'aurais-je songé en découvrant, à Coburg, le témoignage bouleversant de cette jeune patiente à qui un médecin septuagénaire avait prétendument diagnostiqué une redoutable maladie de cœur pour mieux la placer sous sa coupe ? Et que m'auraient dit, alors, tous ces amis qui m'invitaient à prendre du recul, à accepter de tourner la page ?

Par miracle, je m'étais accroché et mon combat judiciaire se poursuivait tant bien que mal, en dépit des lenteurs et des résistances que m'opposait l'institution. À l'automne 2007, après avoir maintes fois repoussé cette échéance, le juge Nathalie Poux finit par entendre les principaux magistrats impliqués dans le suivi de l'affaire Krombach. Burgelin disparu, Laurent Le Mesle se retrouva en première ligne pour éclaircir les nombreuses zones d'ombre que l'instruction avait mises au jour. Contrairement à Jean-Louis Nadal, Alexandre Benmakhlouf et Didier Wacogne, qui, étant donné leur fonction et le temps qui avait passé, avaient fourni des réponses évasives, l'ancien sous-directeur de la Justice criminelle fut contraint de répondre sur certains faits précis.

Interrogé sur la fameuse dépêche du 30 mars 1995, par laquelle il avait invité le procureur général de Paris à différer l'exécution de l'arrêt de la cour d'assises, il déclara :

– J'ai bien signé et même rédigé cette dépêche. Il me semble qu'à l'époque, la volonté était d'informer les autorités allemandes avant que la diffusion de l'ordonnance de la prise de corps n'intervienne. J'ai donc demandé à M. Burgelin de ne pas procéder à la diffusion de cet arrêt sans m'en avoir préalablement rendu compte pour que l'on puisse s'assurer, dans le cadre des bonnes relations franco-allemandes, que les autorités allemandes en soient avisées (...). Il m'avait été rapporté qu'il y avait un mécontentement des autorités allemandes par rapport à la condamnation de Krombach : les Allemands n'étaient pas satisfaits parce que la France n'aurait pas respecté selon eux la règle *Non bis in idem*. Je n'avais pas de contacts directs avec les Allemands et je ne sais pas s'il y avait autre chose derrière, comme je l'ai lu dans la presse.

Accrocheuse, la juge Poux le relança :

– Pourtant, dans ses rapports de novembre 1995 et d'avril 1996, M. Burgelin indique : « Conformément à votre dépêche du 30 mars 1995, l'exécution de cet arrêt est suspendue ». Qu'avez-vous à dire ?

– Je n'ai pas demandé au procureur général de suspendre l'exécution de cet arrêt. C'est une interprétation qu'il a faite dans la mesure où ce n'est pas le terme que j'avais employé. Je n'ai pas demandé de ne pas exécuter...

Interrogé sur les multiples interventions pratiquées par des diplomates allemands auprès des autorités françaises, Laurent Le Mesle choisit ensuite de botter en touche.

– J'ai su par le procureur général et également par le cabinet que des membres de l'ambassade d'Allemagne se manifestaient au sujet de Krombach mais j'ignore pourquoi. Je sais que les autorités allemandes étaient mécontentes...

La posture, qui consistait à faire croire que la justice française n'avait subi aucune forme de pression malgré l'attitude insistante des Allemands, était acrobatique. Elle permit pourtant à Laurent Le Mesle d'éviter provisoirement la mise en examen.

*
**

Le 17 juillet 2009, soit près de sept ans après le dépôt de ma plainte pour « entrave et corruption », le juge Nathalie Poux rendit un non-lieu pesé au trébuchet. En conclusion de sa longue enquête, elle avait été contrainte d'admettre que de nombreuses anomalies avaient émaillé la procédure criminelle conduite contre Dieter Krombach. Cependant, elle affirmait ne pas avoir trouvé trace d'infractions pénales.

> « Les investigations réalisées, écrivit-elle dans son ordonnance, ont permis d'établir un certain nombre de faits dénoncés par M. Bamberski, s'agissant de la mise à exécution tardive de l'arrêt de contumace, de la diffusion tardive et limitée au niveau international de l'ordonnance de prise de corps et des interventions des autorités diplomatiques allemandes auprès du ministère de la Justice, mais également du procureur général de Paris et du président de la cour d'assises de Paris.
>
> Toutefois, ces dysfonctionnements n'apparaissent pas constitutifs d'infractions pénales.

En effet, s'agissant des faits de corruption, il n'est pas établi que des offres, promesses, dons, présents, avantages quelconques, au sens de l'article 434-9 du code pénal, aient été proposés ou acceptés en vue de l'accomplissement ou de l'abstention d'un acte. Il convient en outre de constater :

– Qu'en dépit des interventions des autorités allemandes, Dieter Krombach a fait l'objet d'une condamnation par contumace de la cour d'assises.

– Que d'ailleurs lors de l'audience du 9 mars 1995, l'avocat général n'a pas requis la requalification des faits et a requis l'application de la peine maximale prévue pour ce meurtre.

– Que Dieter Krombach a finalement fait l'objet d'une diffusion internationale, puis d'un mandat d'arrêt européen.

– Que des démarches ont été entreprises pour obtenir l'extradition de Krombach lors de son interpellation en Autriche en 2000, même si M. Bamberski apparaît toujours comme étant à l'origine de ces mesures.

L'instruction n'a pas non plus permis d'établir de menaces ou d'actes d'intimidation au sens de l'article 434-8 du code pénal.

Enfin, s'agissant de l'article 434-6 du code pénal, le délit de recel de criminel nécessite un acte matériel de fourniture à l'auteur d'un crime d'un moyen lui permettant de se soustraire aux recherches ou à l'arrestation, ce qui n'est pas le cas des faits de l'espèce.

Dès lors, il n'y a lieu à suivre contre quiconque de ces chefs. »

Si je m'attendais à être débouté sur le fond, je dois dire que la lecture de ces lignes me plongea dans un état de désespoir aigu.

Vingt-sept ans après la mort de Kalinka, l'institution judiciaire venait ainsi de claquer la seule porte qui demeurait entrouverte. Bien sûr, j'ai fait appel du non-lieu et relancé, pour quelques mois encore, cette procédure judiciaire. Cependant, il était de plus en plus évident que personne, décidément, ne répondrait de la mort de ma fille chérie, ni des dysfonctionnements institutionnels multiples qui l'avaient suivie. Épuisé, je devais en outre bien admettre qu'il y avait peu de chances pour que Krombach, désormais âgé de soixante-quatorze ans, s'aventure hors de son pays. Je devais en convenir, il avait finalement gagné la redoutable partie d'échecs engagée trois décennies plus tôt. Pour la forme, je prévoyais d'effectuer un ultime séjour à Lindau à l'issue des vacances d'été. Une dernière fois, peut-être, j'irais me planter devant lui, témoin vivant d'un crime qu'il n'avait jamais reconnu. Puis mon combat pour Kalinka, hélas, s'arrêterait...

Je me trompais. Le mystérieux appel téléphonique du samedi 17 octobre 2009 allait changer le cours du destin.

# – 10 –

Mulhouse, le 9 décembre 2009. Dans le cabinet des juges Jacques Bourguignon et Ève Baudhuin, ma confrontation avec Anton Krasniqi vient de se terminer. Le face-à-face, que j'avais attendu avec une certaine nervosité, s'est finalement déroulé dans la plus grande limpidité. Il a duré plus de trois heures.

Les magistrats referment leurs dossiers, nos avocats se lèvent lorsque Anton, de sa voix fatiguée, glisse quelques mots à l'interprète.

– M. Krasniqi voudrait être autorisé à avoir une conversation en tête à tête avec M. Bamberski.

Surpris, les deux juges échangent un regard, puis se consultent à voix basse, avant de se retourner vers nous.

– C'est d'accord. Les policiers vont vous conduire à la souricière. Vous aurez une dizaine de minutes pour vous entretenir avant que vous, monsieur Krasniqi, ne repartiez pour la maison d'arrêt.

Dans une petite pièce située au sous-sol du palais de justice, j'étreins Anton Krasniqi. Une lumière blafarde nous éclaire, la porte est restée entrouverte afin que les policiers puissent nous surveiller. En anglais, nous nous parlons très vite : nous avons mille choses à nous dire.

– Vous savez, je ne regrette rien de ce que j'ai fait. Au contraire, j'assume tout ! J'ai deux filles qui ont à peu près l'âge qu'avait Kalinka au moment où elle a été tuée, et c'est pour elles que j'ai fait ça. Depuis le 17 octobre, je n'ai pas cessé de penser à elles, à vous, à votre fille. Je suis vraiment heureux de vous voir...

Une fois, deux fois, dix fois, je le remercie d'avoir mis un terme à mon si long cauchemar. Je l'embrasse, lui, l'homme qui était venu me trouver dans le hall de l'hôtel Ibis de Bregenz. Il est le même en plus éprouvé, peut-être un peu perdu. Depuis son interpellation, fin octobre, en Autriche, puis son extradition vers la France, Anton dort en prison. Marié, père de deux filles de treize et quinze ans, il encourt en théorie dix ans d'emprisonnement. Il n'avait rien à gagner en m'aidant comme il l'a fait. Aujourd'hui, il risque de tout perdre.

Au cours de notre confrontation, les réponses qu'il a faites aux questions du juge ont achevé de me convaincre qu'Anton Krasniqi est tout sauf un professionnel du kidnapping. Il a mûri son projet par désir de me venir en aide, sans s'inquiéter des conséquences de son geste. Sans emploi stable, idéaliste, peut-être un peu paumé, il a simplement voulu se rendre utile. Son avocat, lorsqu'il est allé à la rencontre des journalistes ce jour-là, l'a présenté comme une sorte de Robin des bois moderne. Pour enlever Krombach, il a juste eu besoin de convaincre deux complices. Le 17 octobre, ils se sont rendus à l'adresse que je lui avais communiquée. Ils se sont approchés du médecin, l'ont cerné. Lui a tenté de résister, ils l'ont frappé une fois. Puis ils l'ont chargé dans le véhicule qu'ils avaient préparé.

Sur les lieux du rapt, Anton Krasniqi a malheureusement laissé tomber un papier. Quelques heures plus tard, lorsque la disparition de Dieter Krombach a été signalée, les policiers allemands ont tout de suite trouvé ce document et n'ont eu aucun mal à remonter jusqu'à lui.

Avant cela, sans s'inquiéter, le trio s'était mis en route. Il avait passé la frontière autrichienne, puis à nouveau la frontière allemande. Là, l'un des trois comparses était descendu de la voiture tandis que les deux autres avaient poursuivi vers Mulhouse. Une fois dans le centre-ville, ils avaient déposé Krombach. C'est alors qu'une voix inconnue m'avait joint au téléphone.

*
**

Quelques jours avant la confrontation du 9 décembre, lors d'un rendez-vous destiné à préparer notre défense, M^e Laurent de Caunes m'a glissé, l'air amusé :

– C'est curieux... En lisant vos procès-verbaux d'audition et ceux de Krasniqi, on s'aperçoit que vos versions concordent en tous points.

Ne sachant pas trop ce que je devais penser de sa plaisanterie, je lui ai retourné son sourire. Puis, j'ai commencé à m'inquiéter. Bien sûr que nous avions dit la même chose, puisqu'il s'agissait de la vérité ! Le problème, c'est que Krasniqi risquait gros dans cette affaire. Son avocat n'allait-il pas lui conseiller de me « charger » pour diminuer sa responsabilité dans le rapt de Krombach ? Après tout, c'était bien pour me complaire qu'il avait enlevé le médecin allemand. D'ailleurs, n'avais-je pas préparé une somme de vingt mille euros pour le dédommager ? À tout le moins, je pouvais être jugé en tant que complice du rapt.

Depuis le 18 octobre, à vrai dire, je savais que j'encourais une peine de prison pour l'enlèvement du meurtrier de Kalinka et j'assumais parfaitement cette perspective. Du moins, je l'assumais pour autant qu'elle ne m'empêcherait pas d'assister au procès de Krombach devant la cour d'assises de Paris. Une fois le médecin jugé, peu m'importait d'être moi-même incarcéré. Si c'était le prix à payer pour voir s'arrêter enfin mon calvaire...

Je me suis inquiété pour rien. Devant les juges, Anton Krasniqi est finalement resté fidèle au récit qu'il avait livré après son arrestation par la police autrichienne. Notre confrontation visait en fait à « purger » les maigres contradictions distinguant nos deux récits. À l'issue de cette audience, j'ai eu le sentiment que nos témoignages respectifs avaient convaincu les magistrats.

Courageusement, Anton a choisi d'affronter la justice française alors qu'il aurait pu se défiler, minorer sa responsabilité. À l'entendre s'expliquer, visiblement serein, j'ai eu le sentiment qu'il avait mûrement pesé sa décision, et ses conséquences, avant de passer à l'acte. Lors de notre aparté dans la souricière, il m'a dit qu'il aimerait me revoir bientôt. Ce ne sera hélas pas possible tout de suite dans la mesure où Anton, s'il a été remis en liberté le surlendemain de cette audition, est depuis lors soumis à un contrôle judiciaire qui lui interdit de me contacter. Un jour, cependant, je sais que nous nous retrouverons.

*
**

Le 23 octobre 2009, sitôt rentré à Pechbusque, je me suis rendu au cimetière pour dire une prière sur la tombe de ma fille. Il faisait beau, j'étais serein, c'était un matin. Je lui ai dit :

– Kalinka, ma chérie, nous avons désormais un espoir d'aboutir.

Dans les jours qui ont suivi, j'ai reçu des centaines – que dis-je, des milliers – de lettres, de courriels ou d'appels téléphoniques émanant d'inconnus qui voulaient me soutenir, m'encourager, me féliciter. Le 13 novembre, un diplomate allemand m'a même écrit, après avoir vu mon témoignage dans une émission de télévision.

« J'avoue que vous avez eu raison, sur le fond, de vous faire justice vous-même, m'indiquait-il dans son courrier. Certes, la loi interdit cela en France, mais en l'occurrence, il n'y a pas mort d'homme. J'attire par ailleurs votre attention sur le fait que Krombach a été protégé durant toutes ces années parce qu'il a fait des études et dispose d'un titre de docteur en médecine. Or, en Allemagne, la loi fédérale protège les personnes qui ont des titres dans la mesure où elles servent leur patrie... »

La Terre, depuis le 18 octobre 2009, me semble parfois ne plus tourner tout à fait comme avant. Après vingt-sept ans à crier dans le désert, voici que les gens me reconnaissent dans la rue, me congratulent. Moi qui ai passé de si nombreuses heures à supplier des journalistes de bien vouloir s'intéresser à mon dossier, je suis désormais contraint de repousser certaines demandes d'interviews par manque de temps. Oh, je n'en veux nullement à tous ces reporters qui, autrefois, m'ont éconduit faute de disponibilité, d'intérêt ou de liberté éditoriale... Je me contente d'observer avec étonnement – parfois même avec amusement – les conséquences de l'étrange chamboulement qui vient d'ébranler ma vie.

Les premiers jours de « décompression » passés, j'ai dû me remettre au travail pour assurer le suivi des différents dossiers judiciaires dans lesquels j'apparaissais en tant que partie. Malgré l'improbable dénouement qu'a constitué la mise en détention de Krombach, en effet, je conserve un réflexe de défiance... En tout premier lieu, je dois m'assurer du bon déroulement de la procédure criminelle qui vise aujourd'hui le médecin allemand. Comme le prévoit le code de procédure pénale, en effet, l'arrêt de contumace a cessé d'être valable dès lors que celui-ci a été incarcéré en France. À compter du 18 octobre, les autorités françaises disposent donc d'un an pour organiser son procès sur la base de l'acte d'accusation rendu le 8 avril 1993. Or, il y a fort à parier que mon vieil adversaire fera tout son possible pour se soustraire une fois de plus à la justice.

Dès l'incarcération de son client, Me François Serres, l'avocat de Krombach, a formulé en son nom une demande de remise en liberté. Le 10 novembre, je me suis donc rendu à Paris pour assister aux débats devant la chambre de l'instruction et m'opposer par tous les moyens à son élargissement. Une fois dehors, je suis en effet certain qu'aucun contrôle judiciaire ne saurait l'empêcher de regagner son pays.

En gravissant les marches du Palais, ce matin-là, je sens une vague d'anxiété m'envahir. Et si les magistrats français faisaient droit à la demande de Krombach ? Après tout, il est âgé de soixante-quatorze ans et souffre, à entendre ses conseils, de nombreux problèmes de santé. Je ferme les yeux, j'imagine le pire. Le meurtrier de ma fille, de retour en Allemagne, qui recommence à me narguer... Bizarrement, le président de la chambre de l'instruction a accepté de renvoyer l'audience, qui devait à l'origine se tenir le 3 novembre. Motif : Me Serres, alors en vacances en Afrique, n'aurait pu être présent. Personne, évidemment, n'a songé qu'il était peut-être cruel de jouer ainsi avec mes nerfs. Décidément, je dois garder les yeux ouverts...

D'un pas pressé, je traverse le hall du tribunal pour gagner la salle d'audience où siège la chambre de l'instruction. À l'heure prévue, les débats débutent par l'examen d'une demande de huis clos soumise par la défense de Krombach. Je ne relève pas. Après tout, il n'est pas surprenant que M^e^ François Serres veuille tenir les journalistes à l'écart de son client. Vite, cependant, je réalise que ce n'est pas de cela qu'il s'agit. Non, à bien écouter ses arguments, c'est moi qu'il veut faire chasser de la pièce.

– Rappelez-vous, plaide-t-il, que M. Bamberski s'est permis d'attaquer très violemment plusieurs magistrats sur son site Internet. M. Bamberski a écrit que le président Wacogne est corrompu. Les débats ne seront pas sereins s'ils se tiennent en sa présence...

Suspension. Retour des magistrats.

– Monsieur Bamberski, nous allons vous prier de sortir durant le débat sur la détention de Dieter Krombach.

Je suis fou de rage. Après un trop court répit, je le sens bien, la machine vient de s'ébranler à nouveau et s'apprête à me briser. À l'extérieur, des journalistes m'entourent, sollicitent ma réaction... Je brûle de crier ma colère mais réprime, comme d'instinct, ce premier mouvement. Je m'isole, tente de faire le point. Je ne peux m'empêcher de penser que l'institution judiciaire vient de s'offrir une petite vengeance. Les vieux réflexes reprennent le dessus. Et si j'engageais un recours devant la Cour européenne des droits de l'homme pour protester contre la violation manifeste des droits d'une partie à assister aux débats ? Non décidément, cette trop longue histoire doit maintenant s'arrêter. Je choisis, une fois n'est pas coutume, de faire confiance aux magistrats.

En début d'après-midi, les portes de la salle d'audience s'ouvrent. Les avocats de Krombach affichent une mine déçue.

– La chambre de l'instruction a décidé de maintenir mon client en détention, déplore Me François Serres devant les caméras, avant d'entonner son refrain sur l'« injustice » que lui font les autorités françaises en refusant d'appliquer le principe *Non bis in idem*.

Là, quand même, je réagis !

– Vous n'avez pas honte de raconter depuis quinze ans des choses que vous savez très bien être fausses ? La vérité, c'est que l'Allemagne n'a jamais rendu de décision de justice définitive ! Ni pour, ni contre Dieter Krombach !

Le maintien en détention du meurtrier de Kalinka n'a pas suffi à apaiser mes angoisses. Sitôt cette décision rendue, en effet, j'ai appris que ses avocats avaient formé un pourvoi en cassation visant à le faire libérer. Cette requête, dont j'ignore l'issue à l'heure où j'écris ces lignes, devrait être débattue le 3 mars 2010 à Paris. Si les hauts magistrats décident d'y donner une suite favorable, mes efforts pourraient une nouvelle fois être réduits à néant. Pour l'heure, cependant, je choisis de demeurer optimiste malgré les soutiens dont Krombach continue manifestement de bénéficier outre-Rhin.

Le 27 octobre 2009, par ailleurs, j'ai appris par la presse qu'un mandat d'arrêt européen venait d'être diffusé à mon encontre par les autorités allemandes. Sur le moment, j'ai ressenti une immense peur. Et si la France, lasse d'avoir été si longtemps importunée par Bamberski, trouvait là une trop belle occasion de s'en débarrasser ? À tout le moins, cette demande d'arrestation démontrait que les autorités allemandes, aujourd'hui encore, demeuraient déterminées à protéger Dieter Krombach.

Dans les jours qui ont suivi ce coup de massue, je me suis rendu au cabinet de M^e^ Laurent de Caunes ainsi qu'à la bibliothèque de la faculté de droit où, comme je l'avais si souvent fait par le passé, je me suis plongé dans la jurisprudence. De ces lectures, j'ai tiré la conviction que je disposais, cette fois, de solides moyens de défense. La France, après tout, n'a pas coutume d'extrader ses nationaux. En la circonstance, un tel scénario m'est apparu d'autant plus improbable que j'étais déjà poursuivi, de ce côté-ci du Rhin, pour l'enlèvement de Krombach, dont Berlin souhaitait me voir répondre devant une juridiction allemande. *Non bis in idem* !

Le 3 décembre 2009, comme je m'y attendais, le ministère public a requis le rejet de la demande d'extradition. Une semaine plus tard, pour la première fois en vingt-sept ans de procédure, la France opposait une fin de non-recevoir à l'Allemagne.

Bien évidemment, je surveille également avec une attention toute particulière l'information judiciaire ouverte à Mulhouse pour l'enlèvement et la séquestration de Krombach. Si j'accepte, je l'ai déjà dit, la perspective d'une condamnation, il est à mes yeux hors de question qu'une telle décision m'empêche d'assister au procès qui aura lieu à Paris. Au reste, je tiens à faire valoir mes arguments autant que de besoin, afin que les motifs qui m'ont conduit à agir ne soient pas déformés par d'hypothétiques détracteurs. Non, je n'ai pas voulu me venger du meurtrier de ma fille. Si cela avait été le cas, je le répète, il aurait été infiniment plus simple de le faire abattre par l'un des tueurs à gages qui m'ont, par le passé, proposé leurs services. Non, je ne suis pas davantage mû par une obsession pathologique. Je veux que Krombach soit jugé pour le mal qu'il a fait à ma fille. C'est tout.

*
**

Et après ? Peu à peu, depuis quelque temps, je sens une forme de tranquillité germer en moi. Déjà, une sensation de soulagement s'impose. Je dors mieux. Je songe à me remettre plus intensivement au sport pour soigner tous les maux dont une trop longue immobilité a favorisé la progression. De plus en plus souvent, je ressens comme une sorte d'impatience à l'idée de profiter, enfin, de la vie. Pour la première fois depuis bien longtemps, j'ai de nouveau des envies de voyages. Christiane, ma compagne, et moi-même n'osons pas encore parler de notre avenir. Cela viendra après. Après le procès de Dieter Krombach.

Depuis mon arrestation à Mulhouse, mon fils Nicolas me téléphone régulièrement pour prendre de mes nouvelles et discuter avec moi de l'évolution de la procédure. De la Californie, où il vit depuis plusieurs années, il surveille avec beaucoup d'attention tout ce que la presse écrit sur le meurtrier de sa sœur. Il a aujourd'hui trente-neuf ans mais j'ai parfois le sentiment qu'il se fait plus de souci pour moi que durant mes périodes les plus sombres. Peut-être s'inquiète-t-il de savoir comment je vais surmonter la fin de mon combat...

Tendu depuis vingt-sept ans vers un seul but, hanté par un immense sentiment d'injustice, j'ignore à vrai dire dans quelles dispositions je vais aborder la nouvelle vie qui m'attend au lendemain du verdict. Serai-je capable, après m'être tant endurci – après être devenu une sorte de machine à combattre l'inertie et l'adversité –, de retourner simplement à une existence normale ?

*
**

Le 18 décembre 2009, je me suis rendu à Paris pour être entendu par le juge Brigitte Jolivet. Dans la perspective du procès criminel qui doit en principe se tenir au plus tard d'ici la fin octobre 2010, ce magistrat a été chargé de conduire un supplément d'information sur le meurtre de Kalinka. Lorsqu'elle m'a reçu, j'ai eu le sentiment qu'elle maîtrisait déjà parfaitement le dossier. Elle s'est adressée à moi avec gentillesse, compréhension. Nous avons longuement parlé de Kalinka, de sa mère, de ces vingt-sept années. Puis elle m'a demandé de lui fournir certaines clés nécessaires à la conduite de son travail d'instruction.

Lors de cet entretien, elle m'a annoncé son intention d'interroger les amis que Kalinka fréquentait dans les mois qui avaient précédé sa mort, aussi bien à Pechbusque qu'en Allemagne. Parce qu'elle souhaite se représenter l'état de santé dans lequel ma fille se trouvait au moment du drame, elle m'a aussi demandé de l'aider à retrouver le pédiatre toulousain qui la suivait. Elle m'a interrogé sur les circonstances dans lesquelles la première épouse de Dieter Krombach avait trouvé la mort. Bref, pour la première fois depuis 1982, j'ai eu le sentiment que ce magistrat entendait faire toute la lumière sur l'inquiétante figure de Dieter Krombach.

Sitôt saisie, le juge Jolivet a d'ailleurs réclamé qu'un examen psychiatrique du médecin soit conduit par des experts judiciaires. Dans les prochains mois, il devra donc être examiné à plusieurs reprises par un collège de médecins qui le rencontreront à l'hôpital de la prison de Fresnes où, d'ores et déjà, il semble s'être fait défavorablement remarquer. Le 27 octobre 2009, en effet, le directeur de l'établissement public de santé pénitentiaire a adressé au juge un court rapport sur le comportement du détenu. À en croire ce document, Krombach n'aurait guère tardé à manifester une « conduite inappropriée » – pour rester discret – à l'endroit du personnel féminin.

*
**

Sauf rebondissement inattendu, Dieter Krombach devrait comparaître d'ici quelques mois devant une cour d'assises pour homicide volontaire sur mineure par personne ayant autorité sur elle, meurtre passible de la réclusion criminelle à perpétuité.

Au cours des dernières semaines, j'ai souvent songé que l'homme qui a tué ma fille pourrait bien, en fait, écoper d'une peine autrement plus légère.

Peut-être sera-t-il condamné à quinze, dix ou même huit ans. Peut-être même sera-t-il acquitté... Après tout, vingt-sept années se sont écoulées depuis ce crime et il sera peut-être bien difficile de prouver formellement que Krombach est impliqué dans le décès de Kalinka. Resteront ses mensonges, ses tromperies, ses refus permanents de répondre aux questions de la justice française. Il est permis d'espérer que cette attitude constamment négative pèsera lourd dans l'esprit des jurés au moment où ils devront rendre leur décision, mais ce n'est pas certain. Le plus important, à mes yeux, n'est de toute façon pas là. Le plus important est que Dieter Krombach finisse par être jugé.

Si tel est le cas, je le sais, je serai au soir du verdict un homme heureux et fier d'avoir tenu sa promesse. Heureux et fier, qu'il soit condamné à passer le reste de ses jours en prison ou bien remis en liberté. Car j'aurai eu, enfin, ce que je n'ai jamais cessé de demander depuis le 10 juillet 1982. Un procès en présence de l'accusé. Un verdict.

D'un pas serein, je pourrai reprendre le chemin du petit cimetière de Pechbusque pour me rendre, la tête haute, devant la tombe de ma fille. Alors, je lui dirai :

– Kalinka, ma chérie... J'ai fait mon devoir de père.

NOTE DE L'ÉDITEUR
EN GUISE D'ÉPILOGUE

Didier Krombach a finalement été condamné à 15 ans de prison par la cour d'assises de Paris en 2011, confirmés en appel par la cour d'assises de Créteil en 2012, et son pourvoi en cassation a été rejeté en 2014.

## – Remerciements –

Je tiens à remercier ici ma compagne, qui a eu le grand mérite de me supporter depuis vingt-huit ans en acceptant de partager ma vie dans ce contexte particulièrement difficile...

Mes pensées vont également à l'Association Justice pour Kalinka et à tous ses adhérents qui, depuis 2001, m'ont tendu la main et m'ont aidé dans toutes mes démarches, malgré tous les obstacles qui ont parsemé cette longue route.

## – Précision à l'attention du lecteur –

Les droits d'auteur de cet ouvrage seront intégralement reversés à l'association Justice pour Kalinka régie par la loi de 1901.

Cette association a participé à l'élaboration du présent ouvrage.

L'association a pour but « d'accompagner solidairement André Bamberski dans sa volonté d'obtenir justice pour le meurtre de sa fille Kalinka. L'association se propose de surcroît d'aider toute personne qui pourrait se trouver dans un cas similaire » (extrait de l'article 2 des statuts).

Justice pour Kalinka
65, route des Coteaux
31320 Pechbusque (France)
http://www.justice-kalinka.com

*Directrice littéraire*
Huguette Maure

*assistée de*
Estelle Flory

IMPRIM'VERT® PEFC™ 10-31-1510

*Imprimé en France*
par Corlet Imprimeur
14110 Condé-sur-Noireau
Dépôt légal : mars 2016
N° d'imprimeur : 179403
ISBN : 978-2-7499-2900-2
LAF 1300B